U0275004

管理者的
数字化转型

思维跃迁+管理变革+
组织重塑+人才激发

王文璐 ———— 著

清华大学出版社

北　京

本书封面贴有清华大学出版社防伪标签，无标签者不得销售。

版权所有，侵权必究。举报：010-62782989，beiqinquan@tup.tsinghua.edu.cn。

图书在版编目（CIP）数据

管理者的数字化转型：思维跃迁+管理变革+组织重塑+人才激发 / 王文璐
著. —北京：清华大学出版社，2024.2
　　ISBN 978-7-302-65590-9

　　Ⅰ．①管… Ⅱ．①王… Ⅲ．①企业管理 Ⅳ．①F272

中国国家版本馆 CIP 数据核字（2024）第 042683 号

责任编辑：顾　强
封面设计：方加青
版式设计：张　姿
责任校对：王凤芝
责任印制：曹婉颖

出版发行：清华大学出版社
　　　　　网　　址：https://www.tup.com.cn，https://www.wqxuetang.com
　　　　　地　　址：北京清华大学学研大厦 A 座　　邮　　编：100084
　　　　　社 总 机：010-83470000　　　　　　　邮　　购：010-62786544
　　　　　投稿与读者服务：010-62776969, c-service@tup.tsinghua.edu.cn
　　　　　质 量 反 馈：010-62772015, zhiliang@tup.tsinghua.edu.cn
印 装 者：北京同文印刷有限责任公司
经　　销：全国新华书店
开　　本：148mm×210mm　　　印　　张：9.75 字　数：217 千字
版　　次：2024 年 4 月第 1 版　　　　　印　　次：2024 年 4 月第 1 次印刷
定　　价：68.00 元

产品编号：099949-01

随着数智化时代的到来，数字化转型是企业生存与发展的必经之路，企业数字化转型要求企业从业务、管理到运营的全面信息化。与传统企业信息化相比，数字化代表的是一种融合、高效、具有洞察力的企业运营模式。它的运营模式体现为通过行业软件，将云计算、大数据、人工智能、物联网等多种技术串联起来，使企业的业务、管理和运营融为一体、相得益彰。同时，数字化转型可以利用数字化技术，有效地推动企业转变业务模式、组织架构、企业文化等。实践证明，数字化转型需要企业对其业务进行系统性、彻底的重新定义，才能进一步对组织活动、流程、业务模式和员工能力等进行重新定义，最终企业数字化转型才能成功，高效、有质量的企业业务、管理和运营才能得以实现。

本书作者王文璐博士，长期从事企业数字化转型工作，曾经历海尔集团系统全面的数字化转型，尤其是曾参与推进海尔集团由经验营销升级到智慧营销、由单店独立分散经营升级到 O2O 虚实融合全国一盘棋的全过程。在推进转型期间，他所在的团队，曾经历过挫折，体验过成功，感受过迷茫，在绝望中最终找准了方向。这种浴火重生的经历，无疑是弥足珍贵的。

本书作者在书中总结了众多知名企业案例，包括海尔、华为、京东、美的、奈飞公司等。海尔集团,作为传统的家电生产制造企业,通过数字化转型,实现"企业平台化、员工创客化、用户个性化"的转型,而这"三化"正是海尔数字化转型的指导纲领。通过"三化"的转型推进,海尔进行了有效的组织变革和管理模式方面的优化升级,形成了海尔数字化时代的管理模式,即实现了"人单合一"的管理模式创新,并以此指导海尔在数字化时代的系统管理变革。海尔集团的成功经验为中国大型企业的管理变革提供了数字化转型的路径指引。

本书作者在书中着重强调了数字化转型本质上是人的转型,是管理者的思维认知和知识技能的转型。他认为企业的数字化转型必须是一把手工程,由一把手亲自入局推动,去改变企业员工的认知方式,改变企业的管理范式,改变组织的运行模式,激发团队的内在动力,重塑企业的商业模式。只有企业员工参与、上下一心,才能保证企业数字化转型成功。

本书凝聚了作者长期以来从事数字化转型工作的经验,对众多企业数字化转型过程中关键点提出了自己独到的见解,个人认为有如下特色。

首先,本书总结并提出了海尔数字化转型的底层逻辑:以量子思维建立数字化转型的底层框架。"量子自我"是自我驱动的主体,建立自主自发的自驱力是数字化转型的基础和前提;"量子纠缠"是自创业的有效方式,每个"量子自我"不是孤岛,要通过敏捷组织实现自创业;"量子组织"是敏捷化的自组织,能聚能散,以客户为中心,以"量子自我"为基本单位,通过数字化的整合实现高质量的投入产出。

其次,本书引用了国内外知名企业的数字化转型案例,并试图从中找到数字化转型成功的一般规律，如美的数字化转型战略、数字化思维成就小米快速成长、Supercell 公司创造过亿人效的扁平化敏捷化组织、华为数字化转型策略等。这些案例为读者提供了多维度研究企业数字化转型的视角。

最后，本书以管理者数字化转型手册的形式撰写，便于企业管理者对照现实中遇到的问题查看，借鉴相关标杆企业解决问题的思路，可以避免重大失误以及少走弯路。

中国企业数字化转型方兴未艾，由王文璐博士撰写的此书内容系统详实，是不可多得的来自实践，又能把数字化转型的本质及其成功要领说明白的好书，在此强力推荐。

饶征

华夏基石管理咨询集团执行副总裁

北京华夏基石人力资源管理服务有限公司董事长

2023 年 11 月 16 日于佛山

数字化转型是企业在数字时代生存和发展的必选路径。然而，转型并非一蹴而就，它要求企业以全新的角度审视自身，对业务进行系统性、彻底的重新定义，并深入思考组织活动、流程、业务模式以及员工能力等各个方面。数字化转型是一场庞大的变革，需要深刻理解和巧妙实践。

《管理者的数字化转型：思维跃迁 + 组织变革 + 管理创新 + 人才激发》付梓，为企业领导者、管理者提供了可行的参考。作为在数字化转型、数字化营销领域深耕的从业者，作者王文璐先生不仅关注数字化转型的理论层面，更注重实际操作。他在书中以独到的视角，结合自身亲身经历，为读者呈现了一幅数字化转型的立体画卷。这种融合理论与实践的方式，使得本书更具可读性和可操作性。

本书以"思维跃迁 + 组织变革 + 管理创新 + 人才激发"为主题，为读者提供了系统性的数字化转型指导。本书不仅详细阐述了数字化转型的核心要素，更深入剖析了如何在企业内部实施这一转变。全书逻辑清晰，各章节嵌套有序，体系完整而严密。作者借由自身在海尔集团参与数字化转型的经历，深入浅出地为读者呈现了数字化转型的全貌。他分享了海尔集团的成功经验，并力图提炼出数字化转型的一般规律，为我们理解和实践数字化转型提供了实实在在的指导。这种清晰的逻辑结构使读者在学习的过程中能够渐入佳境，深度理解数字化转型的关键。

本书所用案例丰富而有深度，不仅深入挖掘了海尔和华为两大国内企业的数字化转型经验，还包括柯达、诺基亚、美的、小米、京东、奈飞等国际知名企业的实例分析。通过这些案例，读者将能够更全面地理解数字化转型中的核心要点，并借鉴其成败经验，避免走弯路。

数字化转型的本质是人的转型，是管理者的思维认知和知识技能的转变——这是贯穿于全书的一个颇有见地的观点。数字化转型过程中，我们不仅仅要改变技术，更要建立基于数字化经济图景的哲学思维，并据此改变思维模式。只有当我们的思维方式、知识技能能够与数字化时代相适应，我们才能真正实现数字化转型的成功。在探讨数字化转型的深层影响时，这一理念为我们揭示了一个重要的真相——技术变革背后是人的认知升级和能力提升。这种关注人的维度的方法，使得数字化转型不再是简单的技术升级，更是一场深刻的组织文化和个人成长的变革。

在我多年的数字经济、企业治理和数字化转型研究生涯中，我一直深入探讨组织数字化转型的理论和实践。鉴于我的背景，我对本书的实践和应用价值予以认同。数字化转型超越了技术创新，它涉及对企业整体格局的深刻重塑。这不是一个瞬间的过程，而是一个不断扩展认知边界的进行中的过程。本书提供了读者对数字化转型建立认知逻辑、数字时代管理模式设计原则和华为数字化转型策略的全景式、多维度的理解。本书精心探讨了数字化转型的各个方面，提供了对认知框架建立、管理创新和组织变革的见解。对于即将着手或正在考虑数字化转型的领导者和管理者，本书都是一份宝贵的参考资料。

我推荐这本书给每一位企业家和数字化领域的从业者。数字化转型是一段复杂而漫长的征程，通过阅读本书，您将深入了解数字化转型的本质，并找到适合贵组织的数字化转型之路。

在这段探寻组织数字化转型的征程中，愿您阅读愉快，获得启发和收获。

高宇

西安交通大学教授、博士生导师

2023 年 11 月 27 日于西安

自序

　　数字技术蓬勃发展，数字经济方兴未艾。数字化改变了我们的生产和生活方式，给社会各主体带来了巨大的发展机遇和挑战。数字技术正推动传统产业向数字产业转型升级。

　　进入 21 世纪以来，世界正面临着百年未有之大变局。双循环政策的推出、《中华人民共和国国民经济和社会发展第十四个五年规划和 2035 年远景目标纲要》的发布，都在引导和推动传统经济向数字经济转型升级。传统企业需要借助数字技术和数字经济的东风，重塑商业模式和管理模式，从而提升企业的核心竞争力。

　　数字经济的快速发展离不开数字产业化和产业数字化这两大重要支柱。传统产业是数字化转型的重要阵地，当前数字化转型已经成为传统企业快速增长的推动力和新引擎。

　　在数字经济发展和国家政策的引导下，推动数字化转型实践和探索的企业越来越多，但很多传统企业的管理者不理解数字化转型的内涵，仅仅把数字化转型当成信息化系统的改造和升级；他们不了解数字化转型的路径，不知道如何找到合适的转型切入点，从而有效地推动企业的数字化转型；也不知道如何搭建和管理数字化人才队伍，构建数字化转型的人才基础，确保有专业的人才推进转型；数字化时代还沿用传统的管理方式和组织形式，比如科层制、KPI 考核。

这些都会阻碍传统企业转型效果的达成。

数字化转型对管理者的要求比较高，企业的数字化转型，本质上是人的转型，是对管理者思维认知、知识结构、思考方式、管理方式的转型升级，从而推动企业管理方式、组织形式、商业模式的全面升级，不能有效实现人的转型升级，必然不能实现企业的转型成功。因此，传统企业的管理者要重塑知识结构和认知体系，在管理方式、组织形式、团队建设等方面建立起数字化时代的范式体系。

沿着旧地图找不到新大陆。数字化转型是一个系统、全面、复杂的过程，是对企业核心竞争力的重塑，需要推进思维、战略、管理、组织、文化、技术等全方位的变革。数字化转型是对企业原来运作模式的重构，是结构性的变化，而不是局部性的调整。企业推进数字化转型，好比从自行车升级到汽车，数字化的企业跟传统的企业相比，管理和运行结构是完全不同的。但传统企业的管理者缺少数字化的操盘经验，在推动数字化转型时，常常存在"不愿转、不敢转、不会转"的情况，导致大多数企业的数字化转型效果不明显或失败。

市面上讲数字化转型的书，大多从数字化转型技术、数字化转型案例的角度进行剖析，很少从管理者思维认知和转型体系的角度进行讲解，本书从管理者数字化转型认知体系、数字化思维模式、数字化管理范式、数字化组织形式、数字化团队建设等维度进行详细讲解，为管理者搭建起一套系统性、全面化的管理者转型升级范式和方法论体系，并用知名企业案例作为转型认知实践的有效注解，打通传统企业管理者数字化转型的"任督二脉"，可以有效地帮助和指导传统企业管理者推动和实现企业的数字化转型。

世易时移，变法宜矣。管理者作为企业的掌舵人、时代的弄潮儿，应该不断地精进自己，突破窠臼，不断地探索数字化时代新的管理范式，推动企业在数字化时代获得新的增长。

本书基于我多年的海尔数字化转型实践经验和几十家传统企业的转型辅导经验，将数字化转型的理念和实践有机结合。本书第一章、第二章讲述数字化转型的挑战和管理者认知的变化，引出数字化时代管理者的压力和挑战；第三章讲解思维认知的改变，阐述了工业时代和数字化时代底层逻辑的变化，对思维认知的影响；第四章、第五章讲管理范式和管理创新，传统的牛顿式管理范式向数字化量子式管理范式转变，带来管理行为和管理方式的变化；第六章讲组织变革，数字化时代，组织由传统的科层制向扁平化、敏捷化转型；第七章讲人才激发，讲如何搭建企业的数字化人才队伍，以及管理者的领导力要求。在每一章后面都有一个对应的案例来支撑章内理论，希望读者在理解理论的基础上，去了解企业是如何实操的。第八章、第九章分别是海尔和华为企业的数字化转型案例，从先进企业的数字化转型操作中获取经验和灵感。

本书的目的主要是：

（1）帮助读者建立起数字化转型的全面、系统的认知体系；

（2）帮助读者明确如何高效地推进企业的数字化转型，切实解决"三不转"的问题，让传统企业在数字化时代更上一层楼；

（3）帮助读者掌握推进企业数字化转型的策略、方法、工具、路径，实现学以致用。

本书写作过程中参考了海尔、华为、美的、京东、胖东来、Supercell等众多国内外优秀企业的转型案例，也融合了牛津大学教授丹娜·左哈尔、中国人民大学教授彭剑锋、"杨三角"理论提出者杨国安教授、同济大学前常务副校长周箓教授、上海自主创新工程研究院院长王慧中教授的先进观点，这些理论和实践为本书的写作提供了众多的启发和借鉴。同时也感谢清华大学出版社的编辑老师，为本书的成稿提供了众多有益的指导意见。

希望本书能够帮助传统企业管理者建立科学的数字化转型知识体系，为有效推动企业数字化转型贡献微薄之力。

王文璐

西安交通大学博士

智信数字咨询创始人

2023 年 11 月 21 日于青岛

目录
CONTENTS

第一章

数字化转型的挑战和压力

一、正确理解数字化转型的内涵　　　　　　　　002

二、数字化转型过程中管理者常犯的 8 个错误　　004

三、数字化转型是一场系统性变革　　　　　　　009

四、案例：柯达胶卷、诺基亚手机业务没落的深层次原因　012

第二章

数字化转型认知体系

一、建立正确的数字化转型认知逻辑　　　　　　020

二、数字化转型顶层架构设计　　　　　　　　　033

三、数字化转型路线图设计　　　　　　　　　　050

四、案例：美的公司的数字化转型战略路径　　　061

第三章

数字化转型新思维

一、工业时代与数字化时代的差异对比　　　　　070

二、数字化思维模式介绍　　　　　　　　　　　079

三、如何用数字化思维指导企业转型　　　　　　092

四、案例：数字化思维成就小米快速成长　　　　　092

第四章

数字化时代需要新的管理范式

一、传统管理范式的失效　　　　　　　　　　　102
二、数字化时代管理思维的变化　　　　　　　　110
三、牛顿经典管理和量子管理的对比分析　　　　118
四、数字化时代管理模式设计原则　　　　　　　120
五、案例：胖东来的人本管理模式　　　　　　　124

第五章

管理创新：由管控到激发的管理跃迁

一、数字化时代管理行为变化　　　　　　　　　135
二、数字化时代的激励策略变革　　　　　　　　148
三、案例：激活京东商城 30 万名员工的激发式管理模式　　155

第六章

组织变革：打造扁平化、敏捷化的组织能力

一、科层制组织在数字化时代的弊端　　　　　　168
二、数字化时代组织变革的方向　　　　　　　　171
三、搭建适应数字化时代的组织形式　　　　　　173
四、案例：创造过亿人效的扁平化敏捷化组织　　191

第七章

团队搭建：数字化转型的支撑力量

一、数字化人才盘点流程　　　　　　　　　　　202

二、数字化转型对岗位及人才能力要求   203

三、管理者数字化领导力要求   210

四、团队的组建及管理   219

五、激活组织和个人的策略   233

六、案例：美国奈飞公司的高密度人才策略   236

第八章

海尔数字化转型的管理策略

一、人的价值最大化   246

二、海尔数字化转型的总纲："三化"转型   250

三、海尔数字化时代管理模式："人单合一"   251

四、海尔数字化转型的管理变革   257

五、海尔数字化转型的组织演进   261

六、海尔数字化转型的落地模型   264

七、海尔数字化转型的底层逻辑   268

第九章

华为数字化转型的管理策略

一、华为数字化转型方法论体系   272

二、华为数字化转型落地策略   273

三、任正非的授权赋能管理思维   293

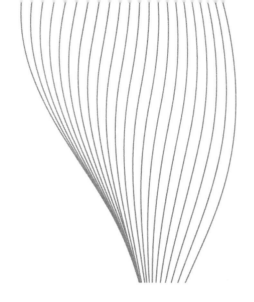

第一章

数字化转型的挑战和压力

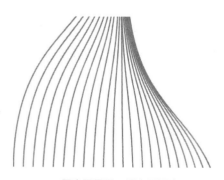

天变不足畏，祖宗不足法，
人言不足恤。

宋·王安石

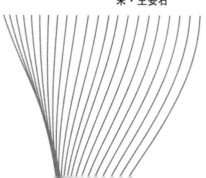

当前我们处于一个迅速变革的数字化时代，无处不在的数字经济影响着每一个企业和个体。数字化转型是当前所有企业都绕不过的一个话题，企业的老板和管理者们已经意识到数字化转型是企业面对的一道必答题，而非选择题，但这道必答题要答好，难度比较大。

对于传统企业的管理者来说，数字化转型是一个新的领域、新的课题，传统的经验和能力无法满足数字化转型的需要，在企业转型过程中，管理者面临着很多压力和挑战。

欲办其事，先明其义。虽然数字化转型的概念已经提出了很多年，很多传统企业的管理者也在推进企业数字化转型，但很多管理者并没有真正理解数字化转型的内涵和意义，也没有搞清楚如何正确有效地推动企业的数字化转型，就开始推动企业转型，结果转型效果不尽如人意，没有达到预期，造成了资金、时间、精力的浪费。

如何正确、合理、有效地推动企业数字化转型？首先企业的管理者要正确理解数字化转型的内涵。

一、正确理解数字化转型的内涵

企业数字化转型是指企业运用互联网、大数据、人工智能等数字技术，全方位重塑战略思维、业务流程、组织架构和商业模式，构建以数据为核心驱动要素的价值创造体系，实现与客户、员工、供应商、合作伙伴等利益相关者紧密关联、价值共创的过程，驱动组织的商业模式创新和商业生态系统重构，从而确保在日益激烈的市场环境中获得核心竞争力和可持续增长。

　　数字化转型的重点在于"转型",而转型涉及的不仅是技术层面的工作,还包括管理、组织、流程、商业模式、对用户的定位和识别等。企业推进数字化转型,首先要改变的是管理者的思维和认知。微软集团首席执行官纳德拉曾说:"任何一个传统企业都应该开始像一个数字化的企业那样思考如何运作,再也不是简单地买一套解决方案就能解决问题,必须从思考方式上像一个数字化的公司。"这句话强调了管理者思维认知的变化。管理者要具备数字化的思维和认知,要从数字化的角度进行思考和决策,要能看到数字化的价值,预判数字化的发展趋势,洞察企业转型过程中的问题,合理制定数字化转型的节奏和策略。

　　现实却是很多企业的管理者在推进数字化转型时,认为数字化转型就是上一套软件、买一套设备、开通一个电商平台的旗舰店,在数字化媒体平台上做些推广、打打广告,这就是做了数字化转型。其实这只是基础的数字化层面的操作,是数字化转型过程中露在海平面上的冰山一角,海平面以下的最重要、最本质的数字化转型工作却没有涉及。

　　美的集团的董事长方洪波说:"数字化技术不再是单纯意义上的技术,技术背后驱动的是整个企业的方方面面,是对全价值链的重构。"一句"全价值链的重构"道出了数字化转型的本质和目的。数字化转型就是用数字化的技术、方式,颠覆传统的管理模式、运营模式、流程模式、商业模式,对原来的价值链运行模式进行重构,由价值链升级到价值网络,由单链条的价值传递变成网状化的价值传递。

　　由纳德拉和方洪波对企业数字化转型的表述可以看出,企业的数字化转型,要求从思维认知、技术平台、流程系统、管理方式、组织模式等进行全方位、全流程、全价值链的变革和创新，企业的管理者要提高对数字化转型的理解和认识，不能停留在信息化软件的思维认知上，而应该具备更高维、更系统、更全面的数字化理解和认识，并能制定合理有效的数字化转型顶层设计和策略并使之落地。

即便明确了数字化转型的内涵，传统企业的管理者在推进数字化转型过程中仍然会遇到很多问题，这些问题制约着传统企业数字化转型的发展。

二、数字化转型过程中管理者常犯的 8 个错误

企业的成功各有不同，企业的失败却是相似的。不同的企业在推进数字化转型过程中虽然遇到的问题多种多样，但总归偏离不了下面 8 种情况。

1. 趋势判断不准确：管理者看不到数字化转型的趋势和价值

这是典型的基于曾经的成功经验所产生的思维定式。企业在传统时代的成功，固化了管理者的思维和认知，让管理者看不到数字化的发展趋势和其中蕴含的巨大价值，还基于传统时代的思维、经验以及管理方式来做决策和判断，从而导致企业错失了下一个时代的发展机遇。比如，柯达胶卷、诺基亚手机这样曾经的行业巨头，就是管理者没有看到时代的发展趋势，还固守传统产品和市场，做出了错误决策，让企业丧失了巨大的业务空间和市场机会。还有很多传统的生产制造型企业，因为常年给大品牌做生产代工，习惯了这样的运作模式，在数字化时代，在制造升级、

品牌升级、营销升级的大背景下，企业还是固守代工业务，没有在自有品牌打造方面做布局和规划，使得企业一直处于价值链的低端。这些都是由于管理者对未来的判断和认知存在缺陷，让企业陷入了过往成功经验的能力陷阱，无法为未来的发展提前做好布局和规划。

2. 战略路线不合理：管理者制定的数字化转型战略和落地路线不合理

企业的数字化转型需要根据企业当前的问题和所处的现状进行合理的规划，制定正确的转型战略，找到合适的转型切入点，然后根据战略规划和资源情况，制定合理的转型路线图，才能有效地推进转型工作。现实中很多企业并没有制定科学合理的数字化转型战略或规划，甚至很多企业没有转型规划，完全是靠管理者"拍脑袋"决定，转型的节奏、策略、切入点都是管理者随机制定的，随意性太强，缺乏正确的转型指导方针。转型战略的缺失或不合理，执行路线图的不科学、不规范，导致企业的数字化转型没有方向和落地地图，影响了数字化转型的效果。

3. 知识储备不达标：传统企业的管理者不知道如何推动数字化转型

由于思维、知识、认知、经验等方面的欠缺，传统企业的管理者不了解数字化转型所涉及的内容和存在的难度，不清楚该如何对数字化转型进行规划和布局，不明白如何有效推动数字化转型的落地，在数字化转型过程中走了很多弯路、错路，造成时间、资金和精力等资源的浪费。数字化转型是一个全新的领域，是对传统业务模式、管理模式、商业模式的重塑，需要新的知识、新的思维、新的管理策略、新的组织形式、新的技术和平台，这些都是传统企业的管理者在推进数字化转型过程中需要学习和提升的地方，因为传统的经验、知识和能力无法有效推动企业的数字化转型，管理者需要学习数字化转型方面的新知识、锻炼新能力、积累新经验，做好推动企业数字化转型的知识能力储备。

4. 资源配置不到位：高层管理者对数字化转型的支持力度不够

数字化转型是一个企业级或集团级的战略，是从上而下进行的，需要高层领导者的大力支持。数字化转型在推进过程中会对原来的业务流程、管理边界、组织形式等进行重塑，其中涉及不同部门之间的业务分配、职责划分、权限调整、配合协同、资源投入。在转型重塑过程中，部门之间会有利益分配和纷争、资源投入和支持力度的大小之别，如果没有高层管理者的躬身入局和鼎力支持，数字化转型会在执行过程中偏离战略规划，甚至会因为各种阻力而夭折。现实中企业在推进数字化转型时，高层管理者要么对数字化转型的战略定力不足，遇到一些问题就延后或摇摆；要么对数字化转型的干预程度不够，全权放手，由下面的管理者负责推进，导致推进力度不强，从而影响数字化转型的效果。数字化转型是"一号位工程"，必须有高层管理者的强力介入，有足够的资源和政策支持，才能确保转型的有效推进和效果达成。

5. 困难预估不充分：管理者对数字化转型的难度预判不足，低估了数字化转型的难度

企业的数字化转型涉及企业的方方面面，不同的部门、不同

的流程、不同的业务板块、不同的系统平台、不同的人员认知会带来各种状况，让企业在转型过程中困难不断，意外频发。管理者在推动转型之前，没有预判到转型的难度，以为通过数字化系统的部署就能有效实现数字化转型，殊不知，系统上了一大堆，能有效利用起来的并不多。因为数字化转型不仅是技术层面的升级改造，更是人的转型、思维的转型、流程的转型、管理的转型、组织的转型。如果只把数字化转型定位为部署几套数字化软件或平台，那么数字化转型大概率是要失败的。部署数字化软件和数字化平台就是数字化转型，这是很多传统企业的管理者对数字化转型的认知。这样的认知无法预估到管理、流程等方面变革时产生的各种阻力和困难。企业管理者应从整体上来看待数字化转型，正确评估企业转型过程中可能遇到的困难。

6. 投产效果不确定：数字化转型的预算不足和投入产出的不确定性

推行数字化转型，投入会比较大，需要有足够的预算支持。比如，需要根据业务情况上线各种信息化和数字化系统，需要支持数字化系统运行的各种硬件和安全性设备，以及支付各种数字化转型所需的专业人才成本，数字化转型过程中的营销宣传和品牌建设费用等，这些费用不是一次性的，而是需要长期、不断地投入，整体来看投入是巨大的。但以上各种投入未必能给企业带来预期的投产效果，这就产生了投入巨大而产出效果不确定的矛盾。对于一般企业来说，是比较难以承担这样投入巨大而产出不可控的风险的。这也是很多企业的管理者面对数字化转型犹豫的原因。数字化转型投入巨大，需要企业有一定的实力，并且有足够的预算支持，还需要高层管理者有足够的战略定力和转型决心，给予转型工作足够的资金支持和决策支持。比如，阿里云前期投入巨大，但产出一直不明显，负责阿里云的王坚博士在阿里内部受到各种质疑，直到马云站出来力挺王坚，并给出了再投 10 年、每年投入 10 亿元的预算承诺，才平息了阿里内部对云计算是否应该继续进行的讨论。庆幸的是，连续多年的投入，让阿里云具备了坚实的技术基础，并最终替代了 IOE 等软硬件设备，有效支持了"双十一"的高并发需求，甚至支撑了 85 万笔／秒的超高并发业务峰值，最终阿里云成为全球前三的云计算服务商。由此可以看出，数字化转型需要巨大投入，需要高层的鼎力支持，即便如此，转型过程也充满了波折，最终效果未必会达到预期。数字化转型的巨大投入和投产效果的不确定性是管理者在推进数字化转型时需要平衡和考虑的，管理者应采用合理的策略和机制，确保有效的投产比。

7. 人才储备不充足：数字化人才的缺失和匮乏

数字化转型与传统的业务模式有巨大差异。数字化转型是一个新领域，需要有数字化知识、数字化思维、数字化经验、数字化能力、数字化思考方式的数字化人才来推动和实施，传统的管理者因为思维定式和过往的成功经验，很难转变成数字化转型需要的人才，毕竟思维和知识的迭代更新不是短期内能实现的，而过往的成功经验又很难被放弃或突破。很多传统的管理者没有意识到数字化人才与传统人才的差异，在转型过程中将负责传统业务的管理者调任负责数字化转型业务，这种情况下，转型大多是不会成功的。数字化人才的欠缺和匮乏，是传统企业转型推动不下去或效果不明显的重要原因。企业的管理者在推进数字化转型时，应该组建完善的数字化人才队伍，重用有数字化思维、数字化知识和数字化能力的数字化人才来担当重任。

8. 数字文化不健全：没有打造出数字化时代的企业文化

企业文化是企业中所有人员都应该遵从的思维方式和行为方式，能让所有人员思路一致、行为一致，上下同频。建立了数字文化的企业，员工的思考方式、行为方式、决策方式都会更加符合数字化的要求和规律，企业的数字化转型必然已经达到了一定的程度。其实企业数字化文化的建立非常困难，因为数字化文化是软性的。数字化文化的建立要求企业中所有人员都具备数字化的知识、能力，每个员工都对数字化有深刻的理解和认知，日常工作和沟通，以数字化的方式进行交流，并从工具、数据、平台、生态的角度去思考和落地。数据文化建立起来了，企业也就具备了数字化领导力。

在企业的数字化转型过程中，管理层经常会犯上面八个错误，导致企业的数字化转型效果不明显。从上面八个方面可以看出，数字化转型不是上一套系统、组个团队就能解决的。数字化转型是一套系统工程，只有从系统、全面、整体地推进，企业的数字化转型才有可能成功。

三、数字化转型是一场系统性变革

数字化转型是企业面临的一场系统性变革。企业在推进数字化转型时，可以从一个战略、两个支撑、三个底座来设计转型工作的推进和落地，如图 1-1 所示。

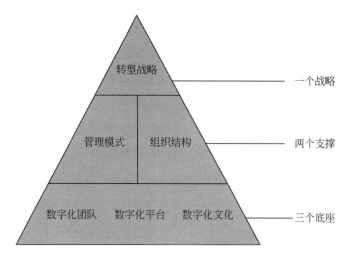

图1-1 数字化转型的"123"体系

一个战略

数字化转型是一个企业级或集团级的操作，其决策和推动者必须是企业或集团的最高决策层，不是部门级或事业部级的。因此，数字化转型要从企业战略的高度进行顶层规划和设计，通过对企业内部流程、组织形式、管理方式、商业模式的转型变革，实现企业的数字化转型。

两个支撑

企业从管理模式和组织结构两个方面进行变革，来支撑企业数字化转型战略的落地，保证数字化转型的成功。数字化转型要求对管理模式进行创新，改变传统的管理方式，采用适合数字化时代的管理方式和管理机制；在组织形式方面，进行组织形式的变革，改变传统的组织模式，构建能快速捕捉市场机会的敏捷性、扁平化的组织形式。管理模式和组织结构是企业数字化转型成功的重要支撑和保证。

三个底座

数字化团队、数字化平台、数字化文化是企业数字化转型的三个底座。数字化的人才队伍是推进数字化转型的重要力量，没有强有力的数字化团队，企业的数字化转型就没有坚实的执行力量；数字化平台是数字化转型的技术底座，是企业业务高效运行的基础和工具，没有数字化平台的加持，很难达到数字化转型后的高效、快捷、便利、低成本的效果；数字化文化是企业数字化转型成功的最重要的体现，数字化文化的建立，标志着企业全员从思维认知到行为方式数字化转变的成功，数字化文化可以指导企业中每一个员工用数字化的方式去思考、沟通、交流，大家思维同频，高效沟通。构建起数字化文化的企业，必然已经完成了数字化转型，并且达到了一定的程度，可以向更高级的智能化转变布局了。

企业实现这六个维度的数字化转变和升级后，才算完成了数字化转型。数字化转型是一个整体性、系统性的变革，需要从企业战略、员工思维、企业文化、管理模式、组织结构、技术平台等方面进行全方位的升级和重塑。企业的管理者能够深刻地理解和认识到数字化转型的困难、挑战，明白从哪些维度和方向来推进企业数字化转型，才有可能推动企业数字化转型的成功。

数字化转型对企业的管理者提出很高的要求。管理者对未来趋势的判断是否准确，内部管理机制和组织形式是否符合数字化的要求，团队成员是否具备数字化知识和能力，系统平台是否需要迭代升级，数字化的商业模式如何构建，数字化的企业文化如何打造，这些都需要管理者进行决策、平衡、规划，任何一个板块的缺失或决策失误，都可能给企业带来麻烦或灾难。

四、案例：柯达胶卷、诺基亚手机业务没落的深层次 原因

柯达胶卷、诺基亚手机，一度是其所在行业的引领者，具有极大的市场领先优势，都是世界级的公司，有资金、有团队、有品牌、有技术、有市场、有用户，然而在时代快速变革的浪潮中，这两位曾经的王者逐渐退出了历史舞台。

由柯达胶卷和诺基亚手机的没落，可以看出错失转型机遇的严重后果。柯达胶卷和诺基亚手机在面对时代变革需要转型的时候，其管理者做了哪些错误的决策呢？这又给当前的企业管理者带来哪些启发和思考？

（1）**管理者对未来发展趋势判断失误，做出逆时代发展的决策，导致两大巨头错失引领新时代的机会。**

柯达胶卷和诺基亚手机的管理者都没有看到各自行业的发展趋势，没有感知到一个产品即将代替另一个产品，一个时代即将代替另一个时代。他们受困于过往的成功经验和优势，陷入能力陷阱中——柯达没有看到数码相机功能对胶卷的巨大优势，诺基亚没有看到智能机对功能机的降维打击，他们都没有感知到数码技术和智能机对市场和用户体验的巨大颠覆，没有了解和预判到用户对这两种产品和技术的认可，以及这两种技术所带来的市场空间。柯达和诺基亚还是固守在自己传统的业务区域内，不认为数码技术和智能机等新技术、新产品拥有用户和市场空间，做出了逆时代发展的决策——柯达把自己发明的数码技术锁在了保险

柜中，不予推向市场，继续支持胶卷业务；诺基亚手机认为用户需要的是待机时间长、比较"皮实"的手机，因此一直在功能机市场进行布局，哪怕已经进入智能机时代，诺基亚还没有完全放弃功能机市场。

由柯达胶卷和诺基亚手机的决策可以看出，管理者对未来发展趋势的判断，对新技术的理解程度，对用户需求、用户痛点、用户体验的把握，对战略决策的制定有重要的影响。因此管理者要不断提升自己的认知能力，洞察未来发展趋势，努力做出有利于企业长久发展的决策。企业管理者的认知、洞见、格局、思维对企业决策至关重要，对企业发展至关重要。

（2）员工现有的知识体系制约了产品和服务的迭代升级，满足不了企业转型的需要。

柯达胶卷产品成像需要的是化工和影像知识，而数码照相技术需要的是电子技术知识，这是两种不同的知识，员工对这两种知识的跨越和融合难度是比较大的。数码技术的推出，需要柯达对现有的人员和知识进行迭代和更换，相当于重新组建一个团队，研发新产品，重新做推广，不管是时间成本、资金成本还是人力成本都是比较大的，这样的决策对企业管理者来说是比较艰难的。

诺基亚虽然一直在做手机，但做的是功能机，操作系统是塞班系统，跟安卓和 IOS 操作系统的操作体验差别很大。诺基亚要想进入智能机市场，需要推翻功能机和塞班系统的架构，重新打造系统体系，这个过程同样需要员工去更新和学习新知识，改变塞班系统的操作体验，采用新的知识、新的方式去探索一个新的未知领域，这对诺基亚的管理者来说同样难以决策。

新业务、新产品、新市场需要新知识、新技术、新能力，员工的知识、能力对企业转型既有推动作用也有制约作用。当员工的能力和知识能满足企业转型的需要，就会推动企业转型和发展；当员工的能力和知识不能满足企业转型的需要，就会制约企业转型和发展。

因此，管理者在推进企业转型时需要评估员工的知识、能力和转型要求的匹配程度，打造能满足企业转型需要的人才队伍。

（3）工业时代严谨的管理流程和传统的组织形式扼杀了数字化时代所需要的创新能力。

无论是柯达胶卷还是诺基亚手机，在工业时代都是各自行业的领军者，因此二者在管理方式、流程体系和组织形式上是成功的，在工业时代发挥了巨大的作用，分别给两家企业带来了非常好的成绩。工业时代的管理方式、流程特点、组织形式主要强调执行力和执行效率，管理者决策、基层执行，因此管理流程、组织形式的严谨性强，容错率低。当工业时代向数字化时代转变时，需要对原来的流程、管理、产品、服务进行迭代升级，这个过程需要创新、需要试错。企业要能敏锐地把握市场需求，并且能根据市场变化和用户需求及时调整策略和机制，而柯达胶卷和诺基亚手机恰恰因为工业时代严谨的管理流程和高效的组织形式，降低了企业的容错机制，扼杀了把握新市场、新机会的机遇，从而使两个行业领军企业各自错失了新的市场和机遇。以柯达为例，数码技术是柯达最先发明出来的，在工程师将数码技术上报董事会后，管理层决定雪藏这个领先的技术。如果柯达换一种决策方式，有试错容错、鼓励创新、探索未来的机制，那么柯达可能成为数码技术的领军者。

（4）企业文化是企业发展和员工行为的指导纲领，要在日常管理中真正落地和践行企业文化。

柯达和诺基亚的企业文化（如图 1-2 所示），即便以现在的视角来看，仍然具有指导意义。然而如此优秀的企业文化，也没有很好地指导两家公司跨越时代变革的藩篱。

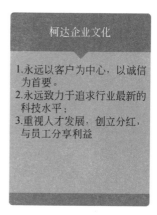

柯达企业文化

1.永远以客户为中心，以诚信为首要。
2.永远致力于追求行业最新的科技水平；
3.重视人才发展，创立分红，与员工分享利益

诺基亚企业文化

1.客户满意：发现客户需求，给客户带来价值，尊重和关心客户；
2.尊重个人：公开和诚实的沟通，时该公平对待，相互信任、相互支持，接受不同事物；
3.成就感：共同的眼光和目标，责任感，为胜利而奋斗的决心，赞誉；
4.不断学习：创新和勇气，支持发展、容忍失败，永不自满，保持开放的思维

图1-2 柯达、诺基亚公司的企业文化

我们重点剖析一下柯达的企业文化。柯达的三条企业文化，涵盖了市场和客户、技术、人才三个方面，在实际运行中却没有很好地践行。

第一条，关于"永远以客户为中心"。真正的"以客户为中心"，需要企业从客户的角度出发，洞察客户的真实需求和痛点，并为解决需求和痛点提供产品或服务。时代发展到数码技术替代胶卷技术，数码技术的客户体验会比胶卷技术更好，柯达应该顺应时代大势，为客户提供比胶卷照相更好的数码照相产品和服务。柯达不但没有从客户需求和体验出发，大力推广数码技术，反而因为各种原因，把最先研发出来的数码技术束之高阁，企图

阻止时代的发展。这是典型的逆时代潮流而行。在这一点上，柯达并没有做到真正的以客户为中心。

第二条，关于"永远致力于追求行业最新的科技水平"。这一点柯达也没有做到。技术是有周期性的，是不断迭代发展的，企业需要围绕着用户提供良好的产品和服务体验，不断优化和提升技术，对于过时的技术就要勇于放弃。如果柯达真的以客户为中心，永远追求行业最新的科技水平，就不会一直固守胶卷技术而放弃代表未来发展趋势的数码技术。

第三条，关于"重视人才发展"。这一条表达了柯达与人才共享收益的承诺，却没有体现出对人才知识和能力与时俱进的要求，以及对新产品、新技术所需要的新人才的培养支持。对于人才而言，除了能在物质上获取收益，还要在精神上和自我价值实现上满足需要。企业与人才是一荣俱荣，一损俱损的，柯达胶卷业务没落，原来的员工也获取不到物质收益了。而如果能让数码人才发挥价值，带领柯达由胶卷技术顺利转型数码技术，无论是企业还是人才都会获得更好的发展。

因此，企业文化要真正践行在日常管理中，通过企业文化来引领和指导企业的发展和变革。如果柯达真的能做到企业文化中约定的三点，必然会以市场发展趋势和满足用户需求为中心，大力推广最新的行业科技，聚集业内顶尖人才，带领企业跨越转型的鸿沟，实现企业基业长青，而事实并非如此。

由柯达胶卷和诺基亚手机的没落可以看出，企业管理者对未来发展趋势的认识和判断，企业内的技术、人才、组织和管理对新业务、新市场、新用户、新产品的支撑程度，对企业的兴衰有重大的影响。

在数字化浪潮下，市场竞争日新月异，新商业模式不断涌现，管理者作为企业的掌舵者，需要不断提升自己的思维认知、扩展认知边界、掌握科学的决策模型，并能根据行业发展趋势、市场变化、企业情况采用合理有效的管理办法，改造组织形式，把握企业发展和转型过程中的各种不确定性，让做出的每一个决策都有利于企业的发展。

数字化转型要求对传统业务模式、管理方式、组织形式、商业模式进行变革，对企业来说既存在风险也隐含机遇。管理者如何看待和决策数字化转型，如何推动数字化转型落地，如何借势数字化变革，对传统企业来说至关重要。不同的管理者，因为知识、认知和预判的差异，所做出的决策会给企业带来不一样的结果和影响，这种影响在某种程度上将决定企业未来5～10年的市场竞争力。

企业管理者应如何思考和决策，才能正确地推动企业的数字化转型呢？企业管理者应该如何设计转型战略，如何变革管理方式，如何改变组织形式，如何构建完善的数字化人才队伍呢？后面几个章节将逐一进行说明。

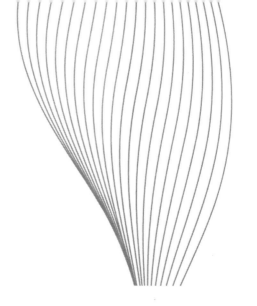

第二章

数字化转型认知体系

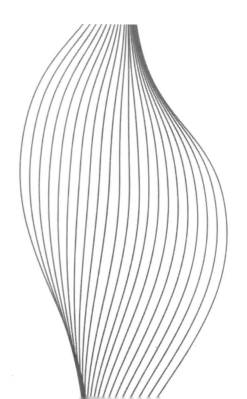

数字化转型对企业来说是一个全新的变革，需要从上到下、从内到外、从管理到组织、从技术到团队、从认知到行为进行全方位的改变和重塑。企业管理者对数字化转型的认知，在很大程度上影响着企业数字化转型的效果。因此，作为企业数字化转型的推动者，企业管理者需要建立正确的数字化转型认知，让思维、知识、观念、行为等方面更加符合数字化时代的特征，满足企业数字化转型的需要。本章通过对数字化转型相关需求的介绍，帮助管理者建立数字化转型的认知体系。

一、建立正确的数字化转型认知逻辑

前面一章分析了企业数字化转型给传统企业管理者带来的挑战和压力，其中提到一个非常重要的原因是管理者对数字化转型的认知和趋势预判不到位，从而做出错误决策。如何建立正确的数字化转型认知？首先要意识到数字化转型带来的巨大价值和意义。

数字化转型的核心价值

数字化转型在当前时代具有巨大的前景和价值，不管是从经济层面、产业层面、商业层面还是数据本身，都有巨大的价值，下面从这四个方面进行详细的阐述和说明。

1.经济价值

国家从政策层面来支持数字化转型，不断出台各种政策，推动数字经济和数字产业的发展，数字经济成为当前重要的经济支柱。数字经济以企业运行过程中产生的各种数据为关键生产要素，将数据作为信息、知识、资产看待，通过数字技术对数据进行处理，驱动传统业务升级，带动经济快速发展，将数字技术与实体经济深度融合，通过产业数字化和数字产业化，带来巨大的经济价值。在数字化转型过程中，通过数字产业化（即把信息通信、技术服务、数字化技术应用等进行产业化布局），推动数字技术和数字经济的产业化发展。同时，数字技术的发展又让实体产业数字化，即传统产业和行业通过应用数字化技术，改造传统产业运行模式和盈利模式，让传统行业更加智能、高效。比如，制造行业、消费行业、服务业等与技术的融合，带来工业互联网、"两化"融合、智能制造、平台经济产业生态等新产业、新模式、新业态，完成对传统产业、模式、业态的升级改造。

2022年，中国数字经济规模达到50.2万亿元，占GDP的41.5%。数字经济潜力巨大，成为推动国家经济快速发展的重要引擎，也成为国家经济的重要组成部分。产业数字化和数字产业化，是数字经济的两大重要支柱，同时也是驱动数字经济快速发展的巨大动能。企业通过数字化转型变革，融入数字经济产业中，推动传统产业数字化和数字应用产业化，数字化转型成为推动数字经济快速发展的重要方式和抓手。

2. 产业价值

数字化的快速发展推动传统产业的升级改造。数字化转型推动第一、第二、第三产业由传统产业模式向数字产业模式转型和升级，通过数字化技术和平台，对传统产业的生产模式、服务模式、营销模式、配送模式等进行升级优化。比如，对于农业来说，通过数字化升级改造，可以实现数字化种植、机械化播种和喷药；通过对土壤数据、温度和气候的分析，实现对农场的规模化改造，机械化种植适宜生长的农作物，改变传统的农户种植模式；通过数据指导农产品种植，可以有效提升农产品产值，赋能农业产业变革。对于制造业来说，可以通过数字化转型对产业进行升级改造，通过灯塔工厂、无人工厂、智能制造改变传统企业的生产模式，通过数字化技术对产品质量管控、作业时间、单位时间产出、原材料损耗、员工效能等进行优化和提升。工业互联网是当前生产制造企业数字化转型的重要方式，工业互联网化对生产制造产业的升级有重要的价值和意义。对于服务业来说，可以通过数字技术的应用，连接企业和消费者，改变传统的多级代理和中介模式，将企业和消费者直连，并且可以让消费者参与到企业运营中来，改变企业以自我为中心的运营模式，建立以市场和用户需求为中心的运营模式。还有智慧交通、智慧医疗等都可以通过数字化技术对原来产业的运作模式进行升级迭代，提升体验和效率。

数字化推动了传统企业所在产业的变革，改变了传统企业的生产方式、管理模式和运作模式，大大提升了产业效率，对产业的升级迭代、产能的优化提升、产业生态的打造和聚集有重要的作用和价值。

3. 商业价值

数字化转型可为企业带来直接且巨大的商业价值。所有企业都身处数字经济浪潮中，企业的数字化转型已经是必答题，如何通过数字化转型重塑企业的核心竞争力是所有企业管理者必须面对的问题。企业运行的各个环节都可以在数字化的加持下进行升级改造，给企业带来巨大的变革。

（1）产品升级

数字化转型可以有效推动企业产品的升级迭代。数字化时代的产品被称为爆品，爆品不但在产品功能层面和用户体验层面有巨大的提升，还要在情感方面跟用户建立连接。数字化技术能帮助企业很好地实现产品与用户的连接，可以快速、准确地获取用户的意见和建议，并基于用户意见和建议进行产品功能和体验的升级改造，让产品生产出来之前就有了潜在的购买用户。传统企业通过数字化转型，可有效缩短企业与用户之间的距离，将用户纳入产品研发、生产等运营环节中，改变产品功能和用户需求脱节的情况，推动产品研发、生产制造、生产工艺方面的升级。产品研发由企业员工主导的形式向用户参与共创的形式转变，产品功能更能满足用户的需求；生产线的工业互联网和智能化改造，升级产品生产制造方式，生产工艺更加精密，智能制造和无人工厂提高了生产效率。用户参与产品共创，更加有利于产品的上市销售。比如，小米手机、华为手机以及各种新兴国潮品牌等，都是既满足用户的功能需求，又满足用户的情感需求，从而获得了较快的发展。

（2）体验升级

数字化技术可以提升产品营销、销售、物流配送、售后服务等各环节的用户体验感。比如，智慧仓储和智能拣货，没有数字化和智能化系统的支持，很难实现在几十万上百万SKU[①]中快速拣

---

① SKU，即Stock Keeping Unit的缩写，库存进出计量的单位，可以件、盒、托盘等为单位。SKU是物理上不可分割的最小存货单元，是对大型连锁超市配送中心物流管理的一个必要的方法。其已被引申为产品统一编号的简称，每种产品均对应唯一的SKU号。

货，提升拣货效率；没有电商平台，购物体验不会有这么大的改变和提升；没有数字化平台，也不会有"211限时达"等极速物流配送服务。数字化技术将企业边界打开，让用户可以参与到产品营销、销售、物流配送、售后服务等企业运营的各流程和各环节，对产品的生产、配送情况都可以追溯、跟踪，企业信息变得透明，消费者可以随时了解，提升了消费者的消费体验。数字化技术可以让消费者的意见影响到企业的运营。比如，消费者对产品和服务的评价，可以对企业产生一定的监督作用，可以倒逼企业升级服务意识和服务能力，倒逼企业为用户提供最佳服务体验。数字化技术缩短了用户和企业的距离，用户和企业不再是割裂的两个部分，而是可以融为一体，让用户推动企业服务的升级。

（3）优化流程，降本增效

数字化可以对原来的流程进行变革和优化，原来串行的流程方式，可以基于数字化技术和平台，变成并行流程，在企业运行过程中可以多线程同时推进，提高了运行和决策效率。数字化技术的应用可以有效降低生产成本，提高周转效率。比如，生产企业的智能制造升级，虽然投入智能设备会在短期内增加费用，但智能制造会大大降低原材料的损耗，节省人工成本，可以全天候不停机生产，提高正品率、降低次品率。而将智能制造的费用投入从财务角度进行分摊后就会发现，相比人工生产，智能制造大大降低了成本，极大地提升了效率。

在研发过程中，很多企业采用数字孪生技术降低开模成本和新产品实验成本。比如，汽车公司要测试汽车的撞击数据，如果生产成实物再进行人工测试，风险高、成本大，而通过数字孪生技术，就可以进行数字模拟，测试出各种数据，可以有效降低开模费用和实物生产费用。

还有以 ChatGPT 为代表的人工智能，在各种工作中极大地提高了效率和质量，如绘图、撰写方案、编程等，大大降低了智力门槛，提高了效率，降低了成本。

数字化技术可以提高企业运营各节点的效率。比如数字化技术可以提高库存周转，有的品牌库存周转期由 40 天下降到 26 天，经营调度由 2 天到十几分钟，生产周期由半年缩减到一个半月，店面产品展示由十几块扩展到上百款……

数字化技术大大提升了企业的运营和决策效率，无论是沟通效率还是管理效率，抑或是产品生产效率，数字化技术的应用，大大提升了企业的整体运行效率，有效降低了成本，提升了企业的生产和运营效益。

（4）商业模式重塑

通过数字化技术的引入和使用，可对商业模式进行重塑，改变企业的运营模式和盈利模式。传统行业和数字化的结合，带来了公司商业模式的变革，甚至对整个行业和产业产生了巨大的变革和推动作用。比如，出租车行业和数字化的结合，诞生了滴滴；新闻行业和数字化的结合，诞生了网易、腾讯新闻、今日头条等公司；银行业和数字化的结合，诞生了支付宝、余额宝、微信支付、各大银行的网上银行等数字化金融业务；影视娱乐业和数字化的结合，产生了爱奇艺、腾讯视频、优酷、抖音、快手等视频平台。

数字化和传统行业的结合，使行业中企业的商业模式和运营模式发生了很大改变，原来做的垂直行业，现在变成了构建平台；原来以销售为主，现在以获客为主；原来以销售额为考核指标，现在以用户数为考核指标；原来的线性增长，现在变成了指数级增长。

数字化转型既是对企业进行结构性的变革，也是对商业模式进行重塑。数字化的商业模式，让企业突破了时空的限制，改变了运行的逻辑，新商业模式所产生的价值是传统公司无法比拟的。

4. 数据价值

在当前时代，对于产业和企业发展而言，数据是非常重要的因素，数据的重要性已经上升到生产要素的高度。数字化时代，一切实物都显示出物理属性和数据属性的二重性，企业运营和产业升级过程中会产生大量数据，数据收集、存储、分析、挖掘和应用等能力，对企业和产业的发展和迭代升级有巨大的推动作用，不会对数据进行挖掘和应用的企业，在未来的市场竞争中将缺乏竞争力。

企业运营的各流程环节都会产生和沉淀出数据，比如生产流程中产生的生产数据、研发数据、营销数据、物流数据，用户在消费过程中产生的各种行为数据、消费数据、出行数据、娱乐数据等，都对企业产品的生产、营销、配送等有重要的指导作用，这些数据对企业的运营决策、产业的结构布局都有非常重要的价值。数据可以让企业对更加精准地识别用户，也可以改变企业的决策方式，还可以驱动企业的商业模式变革，给管理者和决策者带来经验之外的信息和知识，让决策更加有效且精准。

无论是对企业还是对产业，甚至对整个国家经济而言，数据都是巨大的财富，是未来竞争的核心要素。

数字化转型的五个重要认知

一个人的认知高度和认知边界，决定了这个人的思维方式，思维方式决定行为方式，行为方式带来结果。企业管理者具备正确的数字化转型认知，才能在企业转型过程中做出正确的决策，企业管理者应该具备哪些正确合理的数字化转型认知呢？下面从五个方面对数字化转型认知进行重塑。

认知一：数字化转型本质上是人的转型，是人的思维和认知的转变和提升。

传统企业在数字化转型过程中面临的最大问题是人的思维和认知转变不过来。这也是很多企业数字化转型失败的根本原因。

数字化转型表面看是技术的应用、流程的变革、管理的调整，实际上是人的思维和认知的转变。工具是死的，人是活的。工具是否能发挥出功效和价值，主要还是看人如何来使用。如果管理者的思维和认知转变不过来，技术再好、工具再先进，也达不到预期。

只有从思维上形成正确的数字化转型认知，对数字化转型有正确的理解，才能在企业转型过程中制定合理的转型战略和实施路线图。

认知二：数字化转型是由数字化思维牵引、数字化技术推动的系统性整体变革。

数字化转型不是单一的、某个点的数字化转变，而是系统的、全方位的组织变革。数字化转型不是简单的上一套 OA 系统、ERP 系统或者开通一个旗舰店那么简单。很多管理者认为开通一个电商旗舰店、在网络上做一些宣传，或开发一个网站或 App 商城，就算做了数字化转型。这些只是数字化转型的冰山一角，是浮于海平面上的，更大、更繁重的是海平面以下不可见的部分，如内部的管理机制、流程机制、文化机制、组织形式等，这些才是影响数字化转型成功与否的重要因素。数字化转型是一个系统的、全面的、整体的变革，只有各部门通力配合，才有可能转型成功。系统性的、整体性的转型变革，要求企业从战略、组织、流程、管理、文化等方面进行全方位的变革，是一个系统的从上而下全公司、全部门、全员参与的过程。

认知三：数字化转型的根本目的是重塑企业的运行体系、价值体系和商业模式。

原生态的互联网企业在商业模式和价值创造方面，跟传统的企业有巨大的差异，并且相比传统企业来说，完全是降维竞争。互联网打车模式，对传统的出租车行业产生巨大的冲击，数字化平台及数字化技术极大地改善了打车者的打车体验，大量的车辆供用户选择，用户可以根据派车情况安排时间，还可以对车内环境和司机的服务情况进行评价，数字化平台将原来的"司机市场"变成了"打车者市场"，消费者拥有了选择权、决策权和评价权，这套模式和体系相比之前是完全不同的、是颠覆性的。打车平台通过数字化技术，重构了出租车的商业模式，极大地改善了打车者的打车体验，为消费者带来了不同的价值感受，从而让打车平台获取了快速的成长。电商平台同样是因为数字化技术的应用，对零售模式进行了重塑，为消费者带来了更好的购物体验，给消费者创造了不同于传统超市的消费价值。

数字化转型对传统企业来说就是从根本上重塑企业的运行模式，由原来的企划、研发、采购、生产、配送、服务等串行的价值传递体系，变成以用户为中心的并联式价值创造体系。实现了数字化转型的企业，还可以基于数字化技术和数字化平台，构建或融入数字化生态。基于数字化技术对企业内部组织和外部价值链进行重构，从而实现业务流程和价值体系重塑，建立适应数字化时代的商业模式。

认知四：数字化转型的核心策略是利用数字技术重构企业的数字化管理能力和组织能力。

对于传统企业来说，数字化转型就是一次企业结构重建，传统企业要想成功实现数字化转型，核心的策略和方式是使用数字化的技术和工具，对企业的管理方式、运作模式和运行流程进行梳理，提高运行效率，让管理思维、管理方式更符合数字化时代的特征和要求，让决策更加高效；在组织层面，通过组织变革，让信息的传递更加顺畅，组织更加敏捷、扁平，让数字化技术对商业模式、运营模式、营销模式进行重构，从而构建起适应数字化时代的新型企业能力，连接外部企业，构建生态化模式，实现由单体企业向平台化、生态化转型，重构企业在数字化时代的竞争力。

认知五：数字化转型的核心驱动要素是数据。

数据是数字化时代最重要的企业资产之一。基于数据，营销部门可以更加精准地识别出目标用户，洞察用户的真实需求，实现精准营销，减少广告成本；基于数据，生产部门可以改造生产流程和工艺，实现智能生产，减少生产损耗，提升产品正品率；基于数据，物流部门可以提高配送效率，实现智慧物流、高效物流，提升物流的配送体验。数据已成为企业生产、运营、管理中不可缺失的重要信息。

在数字化时代，如果没有数据，企业将很难形成自己的核心竞争力。数据的收集能力、解读能力和应用能力成为数字化时代企业最重要的能力之一。AIGC 和 ChatGPT 等人工智能的底层基础就是数据，基于大数据，并通过逻辑和算法进行分析，从而实现人工智能的效果。

数字化时代的决策要基于数据而非经验，消费互联网经过这二十年的发展，产生了大量的消费数据，沉淀在各大电商平台。企业管理者可以通过对数据的分析和挖掘，洞察出未来的经济走势，从而做出正确的预测和决策。未来的工业互联还会产生各种生产数据，消费数据和生产数据的结合将会产生巨大的价值，给企业的运营和决策带来全面的数据资源。

数字化转型实施六原则

数字化转型是一项艰巨而长期的工作，转型过程中通过遵循科学合理的转型原则，可以有效推进数字化转型的落地和实施，将数字化转型的风险和失败率降到最低。企业在推进数字化转型过程中有哪些原则需要遵循呢？

1. 战略牵引，整体推进

企业管理者在推进数字化转型时，要从顶层制定数字化转型的策略和方针，没有顶层战略的指引，数字化转型很容易沦为上线几套 IT 或 DT 项目就了事，将数字化转型的战略高度拉低，不仅会浪费资源，还很难保证数字化转型的成功。从上而下制定数字化转型战略，把转型战略分解并落实到每个部门、每个员工，让每个部门、每个员工都认识到数字化转型的重要意义，战略牵引，全员参与，整体推进，才能保证数字化转型战略的有效落地和效果达成。

2. 高层挂帅，上下协同

企业的数字化转型是"一把手"工程，必须由企业的最高管理者来推动和把控，否则很难成功。因为数字化转型是对业务模式、管理模式的重构，会对组织结构、管理幅度、管理内容、部门增删等进行大幅度的调整，如果不是一把手亲自挂帅、亲自推动，各业务部门之间的权责利很难平衡和抉择。

所以，数字化转型时，最好能成立一个数字化转型执行委员会或推进小组，由董事长或首席执行官任组长，其他的高管，如首席运营官、市场营销总监、首席技术官等高级管理者任副组长，从而实现各部门之间的通力配合，上下目标一致，思路同频，协作顺畅，否则很容易转型失败。

3. 面向市场，用户为准

数字化转型最终要构建以用户为中心的新的商业模式，因此数字化转型要求企业从"内观"转变为"外观"，从关注企业内部的生产、制造、营销、服务等，转变为紧盯用户需求，以用户需求来推动生产、制造、营销、服务的提升，建立"以用户为中心"，与用户零距离的商业模式。

数字化转型要求企业面向市场，紧盯用户需求，为实现用户的个性化需求而进行全流程的数字化转变，改进企业管理和生产。

4. 构建连接，数据驱动

数字化转型的本质目的是建立企业与用户的紧密连接。通过数字化平台，企业方能及时了解用户的个性化需求，并能通过内部的管理和运营，及时满足用户需求，让用户和企业之间高效互动，实现企业和用户的"量子纠缠"效果。企业运营过程中会产生和留存大量的数据，企业的数字化转型本质上是构建数据的运营决策能力，即"数据驱动"能力，要基于数字化平台、留存的大量的运营数据、开发的数据模型、逻辑算法，充分挖掘数据的价值，让数据指导企业的运营和管理，变"经验管理"为"数据管理"，构建"数据说话"的管理方式和企业文化。

5. 技术为基，组织为骨

技术和平台是数字化转型的基础，技术的好坏、平台性能的优劣将直接影响数字化转型的效果。所以，数字化转型过程中要整合先进的信息化和数字化技术，充分发挥技术优势，将先进的技术，如大数据、云计算、区块链、物联网、元宇宙等和业务相结合，充分发挥技术的优势，打好企业数字化转型的技术基础，以技术支持高效业务的运营，实现"业技一体化"。

组织是企业数字化转型的重要骨架，骨架的强弱将决定数字化转型的效果。组织由部门和员工组成，部门效能的优劣、员工能力的强弱都会给数字化转型带来极大的影响。因此构建强有力的组织团队，打造适合业务需要的灵活的组织模式，构建数字化的企业文化，才能保证数字化转型的成功。

6. 动态优化，持续推进

数字化转型不是一蹴而就的，需要对技术进行长期的、不间断的投入和升级，需要根据市场的变化做出及时的调整，需要不断对数字化系统和平台进行升级，需要对业务流程和商业模式进行优化和调整。因此，数字化转型就是一个动态演进的过程。动态优化，持续改进，不断用数字化技术来推动和改变企业的管理模式、商业模式、运营模式，才能保证数字化转型的成功。

二、数字化转型顶层架构设计

数字化转型是一个系统的、整体的、复杂的工程，有很多因素会影响数字化转型的结果。数字化转型开始前，企业管理者要做好顶层设计，规划出数字化转型的路线图，有条不紊地推进数字化转型的落地和实践，避免转型过程中偏离目标和方向。顶层设计是推进转型工作的指路明灯，管理者要从企业战略、组织、管理、营销、团队、技术、企业文化等方面进行规划和设计，只有做好顶层规划，才能保证数字化转型的成功。

企业数字化转型架构规划

在数字化转型过程中，企业通过顶层规划，梳理自身情况，明确所处转型阶段，基于企业情况制定合理有效的数字化转型路线图。

下面哪些内容是数字化转型工作呢？

（1）在天猫、京东、拼多多、抖音等平台上开通了旗舰店及小店；

（2）开发了一个官方品牌网站、电商平台、应用软件、小程序；

（3）在百度、头条、腾讯、微信等媒体平台做广告；

（4）通过抖音、快手进行直播，拍摄短视频进行营销；

（5）使用 OA、ERP、财务、人力、SCRM 系统等业务管理系统；

（6）对生产线进行智能化改造，对物流、仓储、配送进行智能化升级；

（7）通过社交化营销裂变，获取用户，建立口碑和品牌；

（8）构建大数据平台、数据仓库等系统工具；

（9）搭建了数字化团队，建立了数字化文化。

笔者在跟商学院 MBA（工商管理硕士）、总裁班企业家学员交流时发现，大多数企业家都不能正确地选择出哪些是数字化转型的操作。

其实上面提到的 9 点，每一点都是数字化转型的动作，但单独来看，每一点又不能称为完全的数字化转型，只有做到这九点，才算一个相对完整的数字化转型。由此可见数字化转型是一个系统的、全面的、整体的操作，而不是单一维度的操作。

数字化转型要从战略开始考虑，逐步落实到企业的营销、组织、团队和企业文化等，要从上到下进行设计、拆解和落地。通过整体转型规划和设计，制定合理的策略，有效推进组织的数字化转型。图 2-1 展示了通用的传统企业数字化转型架构图，包含了企业转型过程中各个维度的内容，企业管理者可以基于所示架构图，结合企业现状，进行自己公司的数字化转型顶层架构设计。

数字化转型架构从上到下共包括 6 个层级，分别是业务驱动的数字化战略、数字化转型目的、数字化转型策略、数字化变革、技术升级以及管理和组织升级。这 6 个方面是单体企业内部的变革，当企业转型成数字化企业后，可以跟其他的数字化企业建立

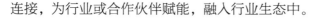

连接，为行业或合作伙伴赋能，融入行业生态中。

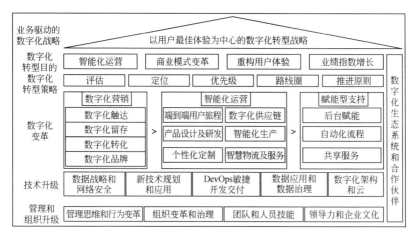

图2-1　数字化转型顶层设计架构图

1. 业务驱动的数字化战略

当前数字化时代，企业要围绕用户进行产品和服务的升级迭代，为用户创造更好的购物和消费体验，所以数字化转型的核心是围绕用户体验，打造以最佳用户体验为中心的数字化转型战略。原生态的数字化企业，如天猫、京东、腾讯、滴滴等无不是以用户体验为中心进行平台和服务升级，而苹果、华为、小米等实物产品生产企业也都围绕用户不断升级产品和服务，因此，以用户为中心，为用户提供良好的消费体验是企业转型的战略方向。

2. 数字化转型目的

企业在数字化转型过程中，除了把握住战略方向不偏移，还要有每个阶段的转型目的，架构图（图2-1）中给出了4个建议。①智能化运营，通过数据、技术、逻辑、算法等，提升企业的智能化运营效果。②商业模式变革，通过数字化转型，对企业运营模式、生产模式、盈利模式等进行升级或颠覆，重构商业模式，实现企业的升级换代和弯道超车。③重构用户体验，通过数字化技术和大数据算法，在产品研发、企划、生产、营销、物流等方面进行全流程的体验再造。比如，用户可以进行个性化的产品定制，企业可以将产品的生产流程、配送流程让用户通过互联网平台，全程可视化，这就极大地提升了用户的体验。还有京东的极速物流配送，给用户提供了高效配送体验，也是很多用户选择京东购物的一个重要原因。④业绩指数增长，基于数字化技术和数字化平台的加持，以大量的用户基数为支撑，数字化突破了时空的限制，所以在企业业绩提升方面，突破了传统企业的线性增长规律，可以实现指数级的业绩提升。

3. 数字化转型策略

企业在进行数字化转型策略的制定时，需要从评估、定位、优先级、路线图和实施策略五个方面进行考虑。首先企业需要对所处阶段进行评估，了解当前企业数字化现状及问题，然后进行转型定位，确定当前企业所处的阶段，明确新阶段数字化转型的目标，并确定要推进的数字化转型的工作，根据现状和工作内容，确定落地的优先级，制定实施路线图，并确定合理的推进原则（所谓推进原则在后面的"行动框架"板块有详细的介绍）。通过这几个方面确定合理的转型推进策略。

4. 数字化变革

数字化的转型变革落实到企业中，其实包含从产品研发、设计企划、生产智能制造、智能化营销、智慧物流、极致服务等产品全生命周期的变革，以及企业内部各支持部门和平台的数字化改造。

数字化变革包括三大板块：数字化营销、智能化运营、赋能型支持。从对外营销、内部运营及支持平台三个维度进行分析，这三个板块包含的子内容基本涵盖企业日常运营的各个环节。数字化营销板块，涵盖数字化触达、数字化留存、数字化转化以及数字化品牌等用户生命周期的管理。数字化触达，即通过数字化平台和工具，采用数字化矩阵的方式，跟目标客户建立连接，将客户感兴趣的信息推送到潜在客户面前；数字化留存，即通过数字化的工具和平台，建立私域，让用户留存在企业体系内，并且通过对私域的运营，提升转化和复购，进而通过口碑选择和广告拉动，建立数字化的品牌形象；数字化转化，即通过数字化工具和体验的改变，提升用户的转化率和复购率；数字化品牌，即采用数字化的方式构建新的品牌，通过口碑、圈层、裂变的方式，迅速建立品牌形象。数字化营销可以细分为八个环节：用户识别、用户触达、用户留存、用户转化、用户复购、用户关系、用户唤醒，这七个部分是营销的闭环，再加上数字化的品牌，就形成了数字化营销的总体内容。

关于智能化运营，是指企业内部的运营体系，包括建立端到端的用户体验旅程，基于数字化的供应链体系，让用户参与共创的产品设计和研发，智能制造技术对生产线的升级改造，用户个性化需求的满足和实现，高效的智慧物流配送体系和售后服务体系，这涉及企业内部运营的全方位内容。

最后是赋能型支持，即支持部门功能和职能的变化，由原来的闸口管控型职能变更为资源赋能型职能，比如财务部门、技术部门、法务部门、战略部门、人力部门等作为后勤支持赋能部门，给开疆拓土的业务部门提供资源支持，同时通过自动化、智能化的流程体系，纵向支持，横向协同，信息共享，资源共享，提高后勤部门对业务前台的支持效率。人力、财务、法务、技术等部门作为共享服务，为各业务提供支持，节约成本，提高效率。

这三大板块的变革，锻造了企业内部和外部的管理效率和应对市场变化的能力，提高企业在数字化时代的核心竞争力。

5. 技术升级

技术是数字化转型的底座基础，说转型，道变革，没有数字化技术支持的转型变革都是在羊肠小道上开车，无法发挥数字化的真正价值。数字化变革，技术是基础，是效率的来源。

技术的升级改造，包括五个大的方面：数据战略和网络安全，新技术规划和应用，DevOps敏捷开发交付，数据应用和数据治理，数字化架构和云。

（1）**数据战略和网络安全**。数字化转型离不开技术和数据，数据战略对数字化转型和智能化的实现具有非常重要的作用，数据是数字化和智能化的源泉。现在数据已经提升至生产要素的高度，未来的企业竞争归根结底是对数据的竞争，只有大数据的留存和应用，才能为企业构建核心竞争力奠定坚实的基础。因此获取数据、留存数据、应用数据对企业的数字化转型至为重要。而在数字世界中，国家、产业、企业乃至个人数据都存在被泄露和被滥用的隐患，因此数据的安全得尤为重要，网络安全和数据安全是数字化转型的围栏，围栏不固，转型不稳。作为企业管理者，要上定数据战略，外固网络安全，确保数据不流失、不泄露。

（2）**新技术规划和应用**。数字化时代技术的发展日新月异，突飞猛进，对于新兴数字技术的理解和应用，对企业管理者来说既是挑战也是责任。只有及时了解技术的发展趋势和最新的技术优势，才可能选择合适的技术来支持企业的数字化转型。对于大数据、人工智能、物联网、区块链、云计算、元宇宙等新技术的特点、发展、趋势、应用，企业管理者要能深刻洞察并合理决策，引入合适的技术，业技融合，让技术充分发挥价值，促进业务的发展和运营效率的提升。

（3）**DevOps 敏捷开发交付**。作为数字化时代的技术升级和项目管理，与信息化时代的开发方式和管理方式是有很大差异的。信息化时代的技术开发方式是瀑布式的，前期需要做详细的需求调研，然后封闭需求，再根据需求制订开发计划，之后按照开发计划逐步推进系统功能的开发，然后测试，最后上线。这个流程至少半年，通常一年甚至还有两年等不同时间。这种开发方式在信息化时代是可以的，而在瞬息万变的数字化时代，用户需求随时变化，市场格局随时变化，竞争对手随时变化，数字化时代给企业的窗口期非常短，通常就一两个月的时间，这一两个月的时间有可能就决定一个企业的生死、一个项目的存亡，比如，微信在腾讯内部就比其他团队早上线发布一个月，就成就了现在的微信生态体系和中国第一产品经理张小龙；同期外部也有米聊、微聊等类似的产品，晚上线一两个月，可能就让其他竞品占据市场机会，获得大量的用户资源，再想竞争就很难。就像现在，很难有其他的社交产品能颠覆微信的地位。数字化时代的竞争就是争分夺秒，一个月的时间就会带来天差地别的差异。所以，数字化时代需要敏捷、快速、迭代的开发方式，需要根据前期的市场调研，快速锁定极简的功能需求，尽快开发上线并测试，获得用户反馈后迅速迭代升级，不断跟用户互动、共创，迭代和升级产品功能和体验。数字化时代的开发模式是敏捷式、MVP（最小化可行产品）模式，通过最小可行性产品、快速抢占市场、小步快跑、不断迭代，形成自家产品和竞品的差异化。

（4）**数据应用和数据治理**。数据是企业生产要素之一，是未来竞争的核心资源，是企业数字化转型的源泉。企业需要建立强大的数据能力，通过对数据的深入挖掘、深刻洞察、广泛应用，充分发挥数据的价值，构建企业的"数据驱动"能力，让企业的运营和决策都基于数据。数据的收集、完善，数据的有效应用，数据安全的把控，数据使用权限的约定，这些都是数据治理的范畴。企业在数字化转型过程中留存大量数据之后，要配套数据治理机制，确保数据有效使用，不泄露、不作恶。数据的应用和治理在很大程度上反映了企业的数字化能力。

（5）**数字化架构和云**。数字化时代对系统的性能和功能有极大的要求，既要体验好，还要成本低，因此需要数字化的架构和云服务作为硬件支撑。系统架构的好坏，将影响系统之间的配合效率和数据交互效率。数字化转型之后，很多业务会对系统并发和高峰性能有比较高的要求，这就需要在系统架构方面改进，采用灵活的、分布式的数字化架构，有效实现负载均衡，确保系统性能的稳定；云计算和云服务的使用，对软件、硬件和服务都有极大的帮助，如 SaaS（软件即服务）、Paas（平台即服务）、Iaas（基础设施即服务）就是典型的云服务应用，对企业节省成本、提高效率有极大的帮助。当然对于一些重视数据的企业来说，有些服务的数据留存在资源提供方，企业方获取这些数据会有难度，需要跟资源提供方进行沟通和协调。而对于不在意数据的私有化留存的企业来说，云服务在节省成本、提高运行效率方面有极大的优势。

6. 管理和组织升级

这个板块包含管理思维和行为变革、组织变革和治理、团队和人员技能、领导力和企业文化几个方面的内容。

管理和组织是企业运行的血液和骨架，甚至比技术重要，因为这是"道"的层面的内容，而技术偏于"术"。所谓"有道无术，术尚可求；有术无道，止于术"。因此，作为管理者，在推动企业数字化转型过程中，不能只盯着技术的升级改造，更需要重视管理思维、管理内容、管理方式和组织形式、组织架构的变革。管理、组织和技术的结合才能确保数字化转型的成功。

管理思维和行为的变革是管理者尤其应该重视的方面，是从内在认知和外在行为带来由内而外的全方位的变革，这对很多传统的企业管理者来说是非常难的。企业管理者多年形成的管理方式、沟通方式、行为方式很难轻易改变，而数字化时代需要弃旧用新，实现新的变革。

组织作为企业的骨架，是推动业务进展的重要因素，组织是否符合数字时代的要求，是采用传统的科层制的组织模式，上令下行，还是采用数字化时代平台化、扁平化的组织模式，对企业能否有效把握市场机会至关重要。

团队和人员技能的迭代升级对企业的数字化转型也非常重要，沿着旧地图找不到新大陆，采用旧知识解决不了新问题。传统企业的管理者和员工需要升级自己的知识结构，采用数字化的思维方式、数字化的知识结构、数字化的行为方式才能更好地应对数字化的挑战。

领导力和企业文化也要进行迭代升级，构建非职权的领导力和基于数据的企业文化，让员工更好地表达意见、参与运营，营造自由、开放、共享、透明、用数据说话的企业文化，充分激发年轻人的活力和创造力。

数字化生态系统和合作伙伴，是指企业在推进数字化转型的过程中，需要跟行业、产业上下游企业进行合纵连横，竞合共赢，在这个过程中需要发挥数字化的价值，进行信息、数据、业务的深入合作，搭建生态系统，才能让企业发展得更长久、更稳健。

企业管理者要有高维认知，要从顶层进行转型架构设计，要从转型战略、转型目的、转型策略、技术应用、管理变革、组织调整等方面进行全方位的思考，全面推动转型和变革，才能形成适应数字化时代的竞争力和应对数字化时代各种不确定性的能力。

数字化转型工作分解落地

数字化转型作为一项系统性工作，涉及企业战略、运营、组织、人才、技术等方方面面，根据笔者多年的企业数字化转型操作经验，企业在转型过程中可以从下面八个方面进行详细的转型操作和具体的工作落地，拆解成日常工作的动作和项目，详细内容如图 2-2 所示。

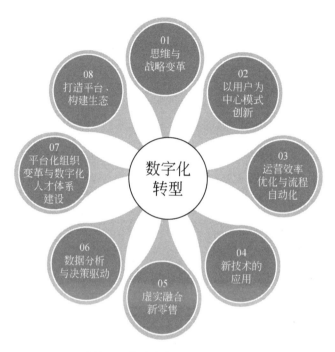

图2-2 数字化转型内容分解图

1. 思维与战略变革

数字化转型是从上而下，由内而外的转型。所谓从上而下，就是数字化转型是一个企业战略，需要从企业的决策层开始认可和接受，并且全力推进企业的数字化转型。所谓由内而外，是指数字化转型需要管理者和员工改变思维认知，理解数字化转型的价值，明白数字化转型的操作方法，掌握数字化转型的知识。思维认知的改变和战略决策的制定，将从顶层对数字化转型进行定义和指导。数字化转型思维主要包括战略聚焦思维、用户思维、爆品思维、新零售思维、价值跃迁思维、社会化思维、智能化思维、生态思维等，从企业战略到日常运营各方面都要符合数字化的要求，这些思维是传统企业管理者在推进数字化转型过程中应该具备的。数字化时代的战略要尽可能聚焦专注，在一个行业内打透，建立高竞争壁垒，避免多元化、分散资源。

2."以用户为中心"的商业模式创新

数字化时代一切都围绕着用户需求进行创新和变革，基于数字化技术的优势，企业可以将用户引入企业运营的全流程、全环节。比如，研发工程师可以根据用户需求进行产品研发，工厂生产线可以根据用户需求进行个性化生产和定制，营销可以根据用户需求进行精准触达、销售和转化，物流可以根据用户情况按需配送和安装。在全流程环节中，针对用户需求进行改进和提升，并对商业模式进行变革，从而使企业在数字化时代形成新的竞争力。

"以用户为中心"本质上是以用户体验为中心，通过管理模式和商业模式的构建，给用户带来好的消费体验和服务感受。

比如，微信的抢红包功能，微信团队的出发点是怎样帮助用户更高效地抢到红包，而不是围绕KPI数据进行功能开发和运营。因为KPI数据是站在企业运营的角度设置的，其数据和目标未必是对用户体验友好的。而站在用户体验的角度开发功能，用户愿意使用功能和软件，用户留存度高，数据指标必然不会差，公司的发展也必然不会差。所以紧盯考核指标还是优化用户体验，是传统管理方式和数字化管理方式一个明显的差异点，即站在用户角度思考问题还是站在企业角度思考问题。数字化时代要求紧盯用户需求和用户体验。

3. 运营效率优化与流程自动化

数字化转型要以提高运营效率和自动化流程为落脚点，通过对数字化技术的实施，对库存周转、产品研发、营销获客、物流配送、资金效率等企业运营的各方面进行全面优化，通过流程的自动化处理和运行，缩短时效，降低信息损耗。比如，通过对数字化技术的处理，某鞋品牌全国门店与总部的经营数据同步从每2天同步一次，提升到每10分钟同步一次，大大提升了全国门店销售数据和库存数据的流转和共享效率，实现对全国各店库存数据和销售数据的实时掌握，这些数据对后期的生产排期、产品促销以及物流配送都有重要的指导意义。在流程自动化方面，如财务的月结，每个月末都会从不同的系统和报表中获取相关指标数据进行汇总和分析，而这些事务性、流程化、重复性的工作，可以通过 RPA 等技术软件自动从各个报表和系统中拉取数据，既提高了准确性和效率，又节省了时间和成本。

4. 新技术的应用

数字化技术是数字化转型的必备工具，工具功能和性能的优劣将直接决定数字化转型的成效，所谓"工欲善其事，必先利其器"。

数字化时代新技术的发展日新月异，十年前大数据技术刚刚兴起，而现在大数据技术已经成为企业的标配技术，云计算、区块链、物联网、量子技术、边缘计算、数字孪生、元宇宙、人工智能、ChatGPT 等这些新兴技术的发展，以及对企业管理和变革带来的推动作用,需要管理者有深刻的理解。只有把握技术的发展趋势和特点,并且深刻洞察这些技术给企业带来的价值,才能判断哪些技术对企业当前的转型有帮助,从而决定是否要加大投入,在业务和管理中使用这些技术。

对新技术的理解和其在业务中的应用,是数字化时代企业管理者的必备技能。不理解数字化技术,不懂数字化营销,企业的数字化转型就比较难成功。数字化技术与业务紧密融合,业技一体化是管理者要推动实现的。

5. 虚实融合新零售

虚实融合新零售是企业在数字化时代要推进的营销转型方向。营销是非常重要的板块,甚至很多管理者认为,企业的发展就靠"创新 + 营销",可见营销在企业中的分量。没有营销获客和转化,再好的产品和服务也不能给企业带来收入,没有收入和利润的企业更无从发展。电子商务的迅猛发展,数字化平台的兴起、数字化原住民的崛起,消费者线上购物习惯的养成,在线支付和物流配送体系的完善,对线下实体店造成巨大的冲击,企业营销模式随之发生改变,实体店也由原来的通过销售产品赚取差价,获取利润,维持企业发展的商业模式变成以产品展示和线下服务体验为主,承接服务和销售双职能的模式,其中又以服务体验为主,让客户通过线下店感受产品和服务。企业通过打通线上线下的商品型号、商品价格、商品库存等数据,实现线下实体店和线上电商平台一盘棋,即时展示、即时调货、即时销售,改变了传统线下实体店以商品销售为中心的模式,变成以提升用户购物体验为中心的新零售模式。

虚实融合的新零售模式是企业做营销要重点打造的营销模式，实现线上线下一体化，对企业营销有重要的意义。

一是从企业运营的角度，虚实融合新零售模式极大提升了线下实体店的坪效。线上平台的加持，让实体店突破了线下空间的束缚，极大丰富了用户可选的库存数量和品类，提高了用户选到满意产品的概率，有利于提升用户的购买意愿，进而提升实体店的坪效。

二是新零售模式对用户的转化和企业口碑的提升有极大帮助。"新零售"模式也是"心零售"模式，要用心提供零售服务。大数据在新零售中的应用，可以有效提升用户选品的精准性，因此企业在进行数字化营销时要打造虚实融合新零售模式，降低用户选品难度，缩短用户购物转化路径，给用户带来良好的购物体验。

6. 数据分析与决策驱动

数据是企业的核心资产和重要生产要素。国家把数据提升到生产要素的高度，跟传统的土地、人力、技术、管理等生产要素处于同等地位。为什么现在将数据的重要性提得这么高？因为在数字化时代每天都产生大量的数据，用户的搜索、浏览、社交、购物、办公等行为会产生大量的数据。对于企业来说，在运营过程中同样会产生大量的数据，包括运营数据、生产数据、销售数据、营销数据、人力数据、财务数据、库存数据以及设备的运行数据，企业应基于大数据及大数据的逻辑和算法，对数据进行挖掘和分析，洞察数据的重要价值，用于指导运营、营销、生产、销售、库存备货、配送等各种企业行为。

"数据驱动"能力是数字化时代企业的重要能力，读数、用数也是企业管理者必备的能力。

传统企业不同维度的数据存储在不同的系统中，称为"数据孤岛"，数据之间没有形成流通和融合。数字化转型需要通过数字化技术，打通烟囱式的孤岛系统，将数据在各系统中进行流转，形成数据中台，构建数据仓库，基于单一用户 ID 融合不同维度的数据，构建成基于用户、产品、订单等的数据大表，进行大数据分析和挖掘，洞察数据的价值，从而在精准营销、个性化生产定制、高效物流配送服务等企业运营的全流程全环节基于数据去做运营决策，打造企业运用数据的能力。

7. 平台化组织变革与数字化人才体系建设

数字化时代与传统工业时代在组织形式和人才队伍上有很大的差异。数字化技术的发展"Z 世代"①进入职场，数字化平台的发展，全民网络的普及，消费能力的升级，沟通和营销方式的变化，都对传统的组织模式形成很大的挑战。传统的科层制的组织架构，在决策效率、组织响应方面很难满足数字化时代企业快速把握市场的要求，科层制的形式也难以激发"Z 世代"的工作热情。同时，传统企业员工的知识结构也无法适应数字化时代人才能力的要求。

思维决定行为，行为带来结果。数字化时代和工业时代是两个底层运行逻辑完全不同的时代，用工业时代的管理方式和工作人员是很难解决数字化时代的问题的。

---

① "Z世代"是一个网络流行语，也指新时代人群。"Z世代"，也称"网生代""互联网世代""二次元世代"等，通常指1995年至2009年出生的一代人，他们一出生就与网络信息时代无缝对接，受数字信息技术、即时通信设备、智能手机产品等影响较大。

数字化时代需要对组织形式进行变革，由原来的科层制管控式的组织模式，变成平台的扁平化赋能式的组织模式；人才队伍建设也要招聘有数字化思维、数字化知识和数字化能力的人员，这样才能有效推动企业的数字化转型，构建数字化能力。

企业管理者在推动企业数字化转型时，可以从组织形式和人才结构入手，推动组织的平台化变革，组建数字化人才队伍，营造数字化的文化和氛围。

8. 打造平台，构建生态

前面 7 个方面都是企业内部的改变，当企业转变成一家数字化企业、成为一个平台，可以通过数字化技术，同其他企业或平台建立连接，进行数据和信息的交互，这时企业就融入一个数字化的生态系统中，处于生态系统中的企业就具备了对抗不确定性的能力。

未来学家凯文·凯利说过一句话：所有的企业终将难逃一死，而所有的城市终将不朽。城市能不朽，是因为城市是一个生态系统。企业是单体系统，抗风险能力弱，很容易在激烈的竞争和时代的变革中走向没落，比如柯达、诺基亚这样的世界 500 强企业也难逃被时代抛弃的命运。

因此打造平台，构建或融入生态，是企业走向基业长青的重要策略，也是企业管理者为企业长久发展而应该谋篇布局的重要部分。

在数字化转型过程中企业管理者需要重点考虑以上 8 个方面，只有全方位运用和升级上述 8 个方面的内容，才代表企业进行了一个完整的数字化转变，才有可能达到数字化转型的效果和预期。

需要注意的是，管理模式、组织形式、人才队伍是数字化转型的底座，应该是管理者重点关注的内容。

三、数字化转型路线图设计

数字化转型路线图是数字化转型工作具体落地的策略和实现的步骤，是推进数字化转型工作实施的地图，可以帮助管理者更好地按照转型路线图推进转型工作的有效实施，避免转型工作偏离战略规划方向。

数字化转型路线图：三层五阶

企业需要结合自身信息化和数字化的情况，有节奏、有步骤地逐步实施转型路线。

1. 企业数字化转型的三个层次

从技术的发展和转型的深入程度来看，数字化转型有三个大的层次：信息化层次、数字化层次、智能化层次，详细路线图内容如图 2-3 所示。

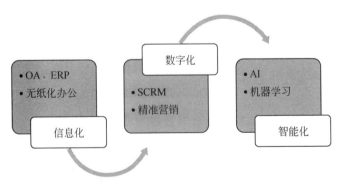

图2-3　数字化转型路线图

（1）信息化层次

传统企业面临的一个重要问题是，信息化程度比较弱。绝大多数的企业，信息化程度低，还没有通过信息化系统来推进业务的执行和管理，企业信息化系统不完善，业务流程有断点，还有很多节点需要线下处理，数据不全，没有留存到系统中。

因此处于这个阶段的传统企业，首先要实现无纸化办公，先把业务由线下搬到线上，实现业务在线、员工在线、流程在线、产品在线、管理在线、客户在线等，形成信息化的业务流程，各业务板块要有足够强大的信息化系统作支撑。

处于这个阶段的企业，要花大力气，完善信息化系统，构建企业数字化转型的坚实基础。处于这个阶段的企业，可以基于业务情况，完善企业内部管理系统和业务系统，如 ERP、OA、HR、业务流程系统、仓储系统、配送系统、财务系统等，以及外部营销系统，如电商平台、会员营销系统等，通过信息化软件平台的建设，将企业业务搬迁到线上，迈出数字化转型的第一步。

（2）数字化层次

数字化阶段，就是基于完善的信息化系统和在业务系统中留存的大量的数据，通过对模型、算法、逻辑等的开发和应用，对信息化系统中的数据进行处理、运算和应用，并指导企业的业务运营，从而实现企业内部组织和外部价值链的重构，实现企业运营效率的提升和商业模式的优化。在数字化转型过程中，重要的实现方式是技术进步、效率提升、模式变化、组织变革的生态重构。

这个阶段会出现大量的数字化平台，以数据的汇总、加载、分析、运算为主，一般称为大数据平台，如数字中台、业务中台、技术中台等。通过数据中台的建设，构建数据仓库或数据池，通过对数据的处理，可以进行模块化的应用，根据不同业务的需要，从大数据平台调取数据，支持前端的业务，从而实现业务和数据的模块化，提高了灵活性。

数字化阶段主要是打通"数据孤岛"，让业务与技术紧密融合，实现业技一体化，通过数据驱动业务的快速成长。

（3）智能化层次

在这个阶段企业的数字化程度已经非常高了，企业内部的信息化系统非常完备，业务数据极大丰富，各种模型和应用比较健全，对数据的挖掘和分析比较深入，构建了基于数据和模型的各种业务应用，再不断地优化模型、打磨应用，通过对数据价值的挖掘驱动业务自动运行。企业需要做的是基于数据和算法，不断对模型和算法进行优化和提升，通过日益完善的数据维度和不断增加的数据量，通过对算法的优化和机器学习，进行模型和逻辑的自动迭代升级，并将结果反馈到业务前端，通过智能化的逻辑和算法、自动化的管控业务和生产，达到业务智能化、营销智能化、生产智能化、研发智能化的效果。

这个阶段数字化系统可以通过机器自主深度学习，不断自主优化模型和逻辑，让智能化算法更加精准、智能化程度更高。比如，ChatGPT 就是大模型算法，能自我修正，达到智能化效果。

2. 企业数字化转型的 5 个阶段

当企业进入数字化层次时，企业管理者首先要了解企业所处的数字化阶段，然后根据企业现状，进行合理的数字化转型设计。通常情况下，传统企业的数字化转型根据成熟度情况可以分为 5 个阶段，如图 2-4 所示。

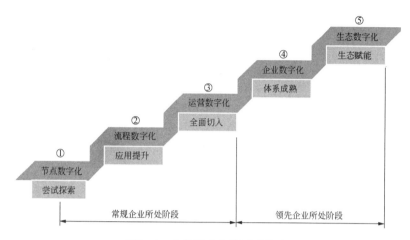

图2-4　企业数字化转型成熟度

第一个阶段：节点数字化

节点数字化是数字化转型的初级阶段，是基于某个节点或某个部门的业务进行数据化的运营和提升。此时处于尝试数字化转型的探索状态。

节点数字化是在某个流程节点上推动数字化转型，典型的动作是部署某套业务系统，基于业务系统中产生的数据，进行挖掘和分析，从而提升单个节点的业务效率。比如，人力部门上了一套 HR 系统，对公司或集团人力业务进行管理，基于业务系统会有很多字段信息需要补充和完善，收集和员工有关的数据，并在系统中填充完善。等到数据达到一定程度，就可以基于数据对公司或集团的人力情况进行分析。再如，业务部门上了一套 ERP 系统，对企业的进、销、存情况进行详细的数据管理，通过对原材料采购、库存数据、库存周转周期、销售回款等数据的分析和挖掘，指导采购、生产、销售业务的开展。这些都是在某个业务部门的某个节点推进数字化转型，通过业务信息化系统的上线，将日常业务运行数据进行存储，后期基于数据模型、数据逻辑等，对数据的分析和挖掘，指导业务运营，初步实现某个业务节点的数字化。例如，人力部门通过考勤系统将员工在组织架构中设定好，有了岗位，有了司龄和工作年限，有了薪酬标准和收入数据，考勤及出勤数据，在岗态度情况，结合每个岗位的行业情况，就可以对每位员工进行离职倾向分析。比如，一个入职 5 年的总监，是否应该晋升、是否应该涨工资、他的个人能力在公司中是怎样的、他是否给公司带来了比较大的价值贡献、同等资历在行业中薪酬体系和岗位职称是怎样的，通过这些数据，可以有效预测出一个总监岗员工的离职倾向。公司可以根据实际情况来决定对这位员工，是升职加薪还是平薪平岗留用，还是优化精简，降低成本。这就是基于行业情况和员工内部数据进行分析而做出的决策。这就是一个人力节点数字化的典型案例。

第二个阶段：流程数字化

流程数字化，即多个部门通过数字化系统进行流程的联动。该阶段为数字化转型的第二个阶段，企业开始在内部尝试应用数字化，提升流程效率。流程数字化主要是在单一的或某几个需要多部门协同的业务流程中，实现数字化升级改造，将线下流程转变为线上自动化的流程，是某个或多个业务价值链的数字化。

比如，人力部门可以在系统中将考勤数据自动传递到财务系统，财务人员针对人力部门提供的考勤数据，利用系统自动核验工资数据，并且通过财务系统自动发放工资，从而实现人力系统和财务系统的联动流程，实现了"考勤 + 工资发放"的流程自动化。在这个过程中需要有多个管理人员的审核闸口，确保流程正常，数据无误。

再如，企业的招投标审批流程。企业可以在网上发布招标需求，应标企业通过注册和登录招投标系统，针对需求进行咨询和交流，在约定的时间内将标书和报价上传到系统中，然后甲方进行评标，并可以通过多轮系统报价，确定最终的中标供应商，并且在招投标系统中进行中标公示，无异议后，可以签订电子合同，双方即达成商务合作。具体项目执行过程中，可以把项目的一些关键节点输入系统，进行流程管控，如项目团队入场、项目蓝图交付、项目上线验收、项目售后服务等，根据这几个节点，进行项目进度和质量把控。到了某个验收节点，系统自动提醒，项目方将交付的一些建设性资料、方案、验收签字等资料上传到系统中，经审核无误后，即完成该节点验收，然后进入付款环节，项目进入下一个项目节点。同时项目节点状态传输给财务，由财务进行付款操作。

如果有业务或付款问题，每个节点都可以提出异议，并通过流程进行回退。比如，财务需要对投入产出进行把控，当发现投产比可能有问题时，即便业务从功能层面验收通过，在付款环节，财务同样可以提出异议，进行项目质量的管控，因为所有环节都是为了让项目质量更优、让投入更合理。

这就是典型的流程数字化，通过对不同部门的流程节点的融合，实现业务的自动化推进。

第三个阶段：运营数字化

在这个阶段企业开始深度掌握和推进数字化转型，通过数字化改变公司运营流程，提升运营效率，初步形成数据驱动能力。

在这一阶段将企业的重要业务、营销、管理等进行多部门、多产业线的融合，通过数字化技术和平台，提升企业的整体运营效率和协同效率。

比如,将采购流程、招投标流程、生产流程、营销流程等多个业务流程打通,通过线上数据在不同的产业线和市场中流通,各产业基于数据进行决策,提升公司运营的数字化效果。

运营数字化是为了实现相关流程部门和组织的数字化,此时企业的战略层和决策层已经意识到数字化带来的巨大价值,并通过业务部门或某个产业的数字化,推动整个公司的数字化转型。比如,很多大公司会在传统的业务部门之外,开通电商业务,通过电商业务来提升传统业务、优化内部管理。电商部门的数字化相对于整个企业来说,就是运营层面的数字化。

第四个阶段:企业数字化

企业数字化即全公司整体的数字化。在该阶段企业的数字化体系已经成熟,无论是内部的管理还是外部的营销,都可以通过数字化的方式很好地进行业务的运营和管理,企业内部各业务系统已经成熟,各业务系统中也有大量的业务数据留存,可以通过数据来驱动企业的运营、管理和决策,全面发挥数字化的价值。

在这一阶段构建起了企业的数据驱动能力,企业是一个数字化的企业,基于数据进行运营和决策。

同时在这一阶段企业不但完善了信息化系统,有效支持了业务的线上运营,而且留存了大量的业务数据,并通过不断的优化和完善数据收集、逻辑开发、算法优化、模型应用等,建立了企业基于数字化进行决策和运营的能力,内部人员的思考、沟通和交流都是基于数据,构建了数据文化。

比如海尔集团,会通过 portal 集成所有内部业务和管理系统,无论是业务的,还是内部管理流程审批的,都可以在 portal 中找到,然后员工可以根据自己的使用习惯和常用的系统,设置个性化的 portal 页面。员工号作为 portal 的登录信息，通过单点登录技术，实现了 portal 一键登录各业务系统。不管是申请的、审批的、财务方面的、HR 方面的、业务系统方面的，所有业务都通过这个界面入口来推进，通过这个界面，将所有的业务系统和管理系统进行了整合，实现了一个企业级的系统集成。

企业数字化阶段实现了企业内部所有运营、管理、业务、营销、财务、人力等板块的数字化支撑，实现了企业全业务板块都在系统中运行，都有数据留存，并能基于数据做出决策。

第五个阶段：生态数字化

生态数字化阶段也是数字化转型的高级阶段，即公司完成整体的数字化转型后，开始融入行业和产业、融入所处的产业生态，构建起生态数字化能力。处于这个阶段的企业，通过优秀的数字化能力，开始为企业所处的行业或产业进行赋能，对行业或产业进行重塑，承担起重大的社会责任，带动行业和产业的发展。

在这一阶段，企业以构建共赢共生的生态系统为目标，通过企业数字化能力建设、企业数据价值挖掘和应用、智能算法的开发和应用，有效推动和提升企业所在产业的快速发展，实现多方共赢，效率优化。

生态数字化要求企业在实现企业数字化后，通过数字化平台，连接外部行业伙伴和上下游供应商资源，甚至可能融合政府、协会、大学、研究所等相关机构，从而建立一个以企业为中心，通过数字化平台连接，实现各机构的数据交互、信息共享、能力共建、模式创新的有机体，从而实现多方共赢。

构建数字化生态的前提条件是各产业方数字化平台足够完善，能通过数字化平台之间的接口进行信息传输、数据流转、业务推进，没有数字化平台做基础，是很难搭建起完善的生态的。

企业在进行数字化转型时，要结合数字化转型的三个层次五个阶段的特点，评估当前企业处于哪个阶段，然后根据当前阶段的特点，做好数字化转型的战略决策。

数字化转型行动方法论

在推动企业数字化转型时，企业管理者要遵循一定的行动框架，从而确保数字化转型效果的顺利达成。

科学的数字化转型行动方法论，如图 2-5 所示，供企业管理者借鉴和参考。

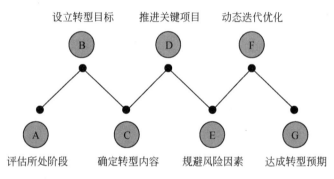

图2-5　数字化转型行动方法论

1. 评估所处阶段

首先，管理者要对企业当前数字化程度所处的阶段进行评估，通过对企业信息化和数字化程度的评估，明确企业目前处于哪个节点，根据所处节点进行数字化现状评估。表 2-1 是简易的数字化程度评估表，供企业参考，企业可以在此基础上对标准进行个性化延展。

表2-1　企业数字化程度评估表

序号	评估维度	评估指标	程度数值					
			5	4	3	2	1	0
1	数字化战略	高管牵头						
		上下一致						
		全员认同						
2	数字化营销	开通电商平台，如天猫、京东、抖音小店等						
		直播使用程度						
		私域流量程度						
		用户运营程度						
3	数字化管理	系统内申请						
		系统内审批						
4	数字化人才	技术高管（首席信息官，技术总监）						
		开发工程师团队						
		社会化营销团队						
		创意策划团队						
5	数字化技术	运营系统：ERP系统、物流系统、仓储系统……						
		内部管理系统：OA、财务、HR……						
		营销技术系统：SCRM系统……						
		中台系统：数据中台、业务中台、技术中台						
6	数字化运营	数据留存：数据维度						
		数据分析：数据的分析和挖掘						
		数据决策：数据应用及驱动能力建设						
7		总计						

注：（1）得分在80分以上，说明数字化程度比较高；（2）得分在40～80分，说明数字化程度有待提高；（3）得分少于40分，说明数字化程度比较低。

2. 设立转型目标

企业管理者根据对企业数字化程度的评估，设立企业数字化转型目标，比如，是先完善各业务信息化系统，还是基于现有的系统和数据，进行数字化的探索；是推进节点的数字化，还是进行企业的数字化。每个阶段，每个节点，所需要投入的资源、资金、团队是有差异的，对推动者的认知和能力要求也是不一样的。

所以，要结合企业现状，设立合理的数字化转型目标，同时也要根据目标匹配团队、资金、供应商等其他必需资源。

3. 确定转型内容

根据设立的数字化转型目标，分解转型所涉及的工作和内容，根据所需要匹配的团队、资金及其他各种资源，将转型工作分解到具体的项目、具体的部门、具体的责任人，确定合理有效的转型落地内容。

4. 推进关键项目

根据分解的转型内容和设定的工作计划，重点推进关键项目，通过关键项目的落地和执行，有效推进数字化转型工作。

5. 规避风险因素

在数字化转型过程中，要及时了解转型的进度、质量和风险，通过对各种因素的把控，规避组织、团队、人员、资金、项目、供应商等各方面的问题和风险，确保每一个项目都正常进行，从而保证数字化转型各项内容和进度的顺利推进。

6. 动态迭代优化

数字化转型不是一蹴而就的，在转型过程中会出现与原来的流程、制度、体系、团队等相违背的情况，需要不断磨合、调整、探索、试错，才能有效推动转型成功，所以，小步快跑、试错容错、动态优化是非常重要的原则。

7. 达成转型预期

通过上面几个动作确保在执行过程中不断达成阶段性的转型目标，最终通过阶段性目标实现转型的总体目标。

四、案例：美的公司的数字化转型战略路径

美的作为国内知名的家电品牌，很多产品在市场上名列前茅。随着数字化时代的到来，美的也进行了十多年的数字化转型，其转型过程也经历了由信息化到数字化再到智能化的三个层次的历程。美的在转型过程中配置了足够的预算和团队。由于在数字化转型之前，美的已经有了多年的信息化投入和积累，信息化比较完备，现在美的已经转型成一家以数字化、智能化驱动的科技集团，拥有数字驱动的全价值链及柔性化智能制造能力。接下来我们以美的的数字化转型为例，剖析企业数字化转型的历程。

美的数字化转型所经历的战略阶段

美的的数字化转型完全符合数字化转型三大层次五个阶段的发展历程，从大的时间轴来看，美的经历过了四个时间段，详细内容如图 2-6 所示。

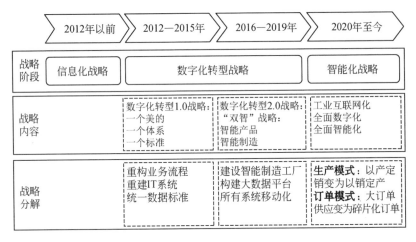

图2-6　美的数字化转型战略

1. 信息化战略阶段（2012年以前）

2012年以前是美的信息化系统完善的时期。美的经过几十年的发展，形成了高度分权的管理模式，集团内共有九大事业部，采用SBU[①]组织模式，各业务板块和子公司独立运作，整个集团有100多套业务系统在运行，业务和业务系统之间各自独立。虽然各业务部门都有信息化系统作支撑，但也带来了一个问题，就是数据和信息孤岛。所有的信息系统高度离散化，缺乏一致性和标准化。所有信息处于各自的业务系统中，各业务系统之间的信息和数据无法横向连通和共享，业务和系统之间流程不统一，管理方式不统一，数据不统一，无法形成业务协同和集团合力。

完善的信息化系统、数据和信息孤岛化、部门之间协同不畅，是美的这个时期的主要特点，为了解决这些问题，实现集团统一

---

① SBU，即Strategic Business Unit的缩写，表示战略业务单元。战略业务单元是公司中的一个单位，或者职能单元，它是以企业所服务的独立的产品、行业或市场为基础，由企业若干事业部或事业部的某些部分组成的战略组织。

运营管控，美的的企业转型迈入数字化阶段。

2. 数字化转型战略阶段（2012—2019 年）

美的的数字化转型阶段可以细分为两个子阶段：2012—2015 年的数字化转型 1.0 阶段和 2016—2019 年的数字化转型 2.0 阶段。

这两个阶段的数字化转型战略和具体的工作内容是不同的，目的也是不同的。数字化转型 1.0 阶段的战略是达成"一个美的，一个体系，一个标准"。这个阶段主要解决美的在信息化战略阶段形成的数据和信息孤岛问题。美的从三个方面进行了调整：一是重构了业务流程；二是重建了 IT 系统，将信息化阶段建立起来稳定运行的 100 多套系统全部推翻，重新构建；三是统一了各系统中数据的标准，融入数字化的理念和要求。这三个动作，有效加强了集团的统一管控和业务之间的互联，让数据在内部充分有效流转。

美的集团 1.0 阶段的战略转型将信息化和数字化合二为一，基于信息系统的重构，直接迈向了企业数字化，这样的转型操作需要管理者有巨大的战略决心和战略定力，同时也需要巨大的资金支持和团队支持。

数字化转型 2.0 战略阶段，是在 1.0 转型战略的基础上，提出"双智战略"，即智能产品，智能制造。智能产品战略是将功能性产品升级为智能化产品，产品能通过互联网进行人机互联、机机互联，消费者能通过应用软件控制各种家电设备，家电产品不再是一个个冷冰冰的物理设备，而是可以联网、能进行信息交互的智能终端。智能制造主要是对工厂进行智能化升级改造，形成基于用户订单的智能化排产和柔性制造能力，从而提供供应链效率，降低人员成本、原材料损耗及次品率。"双智战略"的推进使美的的数字化转型落到实处，实现了互联网和传统制造业的"两化"融合。

这个阶段美的通过建设智能工厂、构建统一的大数据平台、将所有内部管理系统移动化的方式，推动"双智战略"。通过构建统一的大数据平台，构建了集团的数据驱动能力，各种生产、销售、营销、采购等都以数据为驱动要素来推进日常工作，实现了数字驱动用户需求获取、生产智能制造、线上线下销售统一、售后服务的全流程价值链升级。同时数字化能力也给上下游合作伙伴带来好的体验和效率提升，让上下游企业融入美的的生态中，大大提高了生态内的工作效率和准确率。通过移动化办公，打破了工作时空的限制，方便了员工、客户、供应商、用户随时随地进行信息互通、交易达成，随时随地可以处理工作，提升了沟通效率和决策效率。

美的2.0阶段的数字化转型，建立了基于数据的管理和决策能力，实现了美的集团和上下游生态链企业的数据联通和数据流转，2.0阶段的数字化转型基本同步实现了企业数字化和生态数字化，并为公司从数字化向智能化的升级打下了坚实的基础。

3. 智能化转型阶段（2020年至今）

美的集团的第三个数字化转型阶段，即从2020年开始推进的智能化转型阶段。

这个阶段，美的集团的主要转型目标是从"双智战略"转变为"全面数字化、全面智能化"的工业互联网化。美的集团也对公司的属性做了重新定位，美的由一家传统制造业公司转型为数字化、智能化驱动的科技公司。

美的的智能化转型主要从下面两个维度进行推进和落地。

一是生产模式的变革，即通过数字化技术的应用，提升智能化效果，将生产模式由原来的以产定销变为以销定产，根据销售和市场变化来确定生产情况。

二是订单模式的变革，即数字化技术支持订单模式由原来的大批量订单规模化生产供应，变为碎片化需求小批量订单生产的模式，进一步加强智能工厂的柔性生产能力。

在库存方面，采用"一盘棋"库存管理模式，将原来美的中心库、销售公司库、经销商库以及电商库实现了"四仓合一"，整合成协同仓，实现多渠道"一盘货"管控。各经销商和渠道商根据各自权限查看系统中的商品品类和库存数据，各渠道商独立销售，占用统一的库存，先销售先占库存。协同仓进行统一的物流配送，各渠道商不需要进行库存备货，减轻了产品积压和资金积压。美的集团后台可以实时掌握每个产品的销售数据、每个渠道的销售数据、产品的库存及周转数据，通过数据分析和挖掘，实现"以销定产"，基于产品销售情况确定后期的生产计划和安排。

未来的工厂，能同时批量生产一万件相同的产品不是能力的体现，能同时生产一万件不同的产品才是能力的体现。美的集团的智能化转型，正在向以销定产、个性化、小批量的柔性生产方向迈进。

美的数字化转型成功的原因

美的集团的数字化转型能成功推进，可以归结为以下几个原因。

1. 思维认知方面：上下同欲，目标一致，思维同频

美的集团数字化转型成功的关键因素在于，全员上下思维认知的改变和同频。董事长制定数字化转型战略定后，全集团从上到下一致行动，朝同一个战略目标努力，真正做到了上下同欲，目标一致，思维同频。美的集团没有将数字化转型只当作技术层面的升级，而是从全流程全价值链的角度来看待数字化转型，不断提升高管和全员对数字化转型的认知高度，深刻理解数字化转型的内涵和意义，洞察未来的业务模式和科技发展趋势。

2. 推动力度方面：集团"一把手"牵头，各业务领导推动

美的集团在推进数字化转型时，由集团"一把手"推动。美的集团董事长兼总裁方洪波认为，数字化转型是"一把手工程"，是对集团全价值链的变革和转型，需要"一把手"决断决策和推动。基于这样的理解和认知，方洪波牵头，各业务"一把手"参与推动，体现了美的集团"一把手"的战略定力和转型决心。

3. 操作实施方面：系统重构，构建大数据平台和智能化系统、智能化工厂

美的集团通过"一盘货"库存模式、以销定产生产模式、小批量柔性订单模式，对产品、生产、库存、用户等方面进行全面的数字化改造升级，重构了运行和支持系统，重塑了生产和运营模式，增强了美的集团对市场的感知和掌控能力。

4. 转型变革方面：整体变革，全面升级

美的集团的数字化转型从用户需求、产品研发、生产制造、市

场营销、供应采购、物流配送、售后服务等方面进行了全流程全环节的数字化和智能化升级改造，不是做某个节点或流程的数字化改造，而是进行系统的、全面的、整体的转型，真正发挥出数字化和智能化的整体价值和优势。

5. 策略合理，执行到位

美的集团的数字化转型结合了企业当前所处的境况，采用合理的策略，稳步推进，从信息化系统的重构和完善，到企业数字化转型，再到搭建数字化生态，落实智能化的转型策略，步步为营，稳扎稳打，最终实现成功转型。

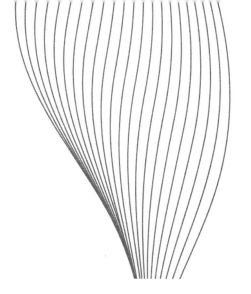

第三章

数字化转型新思维

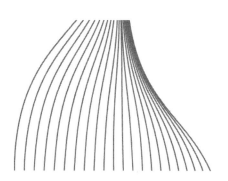

所谓数字化转型，表面是技术，本质是人。

杨国安

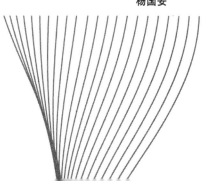

数字化时代与工业时代相比有极大的差异。数字技术的突飞猛进和大量应用，给企业的生产制造、市场营销、内部管理、售后服务等方面带来了极大的改变。

数字化技术的发展，使工业时代以企业为中心的运营模式转变为以用户为中心的运营模式，企业的属性也由工业时代的管道型企业变成数字化时代的平台型企业，消费者由原来的被动接受转变为主动选择。数字化改善了企业管理者和员工之间的信息不对称，数字化技术和数字化平台让每个人都可以平等、便捷地获取信息，企业高层管理者掌握的信息未必比企业中层或员工掌握的信息多，市场一线员工掌握的信息更全面、更真实、更有效，信息差更低，企业的决策权向一线发生转移。

管理者只有清楚地意识到数字化时代和工业时代之间的变化和差异，并根据这些差异转变思维方式，才能做出更符合数字化时代发展趋势的决策。数字化时代，信息高度透明，信息差越来越弱，管理者做决策时，需要基于数字化的思维和认知。思维和认知不同，对事情的判断和决策也会不同，因此未来的竞争其实是思维和认知的竞争，管理者的思维和认知越高，作出正确决策的概率就会越大，企业获取成功的机会就会越多。数字化时代和工业时代有哪些思维上的差异呢？

一、工业时代与数字化时代的差异对比

数字化时代的认知体系和传统时代的思维和认知形成了巨大的差异。数字化给管理者的世界观、认知观带来了巨大的变化，接下来从以下几个方面详细分析工业时代与数字化时代带来的思维

认知差异。

确定性 VS 不确定性

工业时代，无论是市场竞争还是用户需求，抑或是企业的内部管理，都处于相对确定的稳定状态。工业时代的用户需求比较简单，确定性比较强，用户更加重视产品的功能性需求。竞争对手也比较明确，基本是行业内的同业竞争者。企业管理者可以根据自己多年的经验，对内部生产、外部营销、竞争对手策略进行预判，从而制定出有效的企业发展战略和规划。

工业时代基本是同业竞争，比如银行的竞争对手是银行等。在这种同业市场竞争下，市场是相对确定的，竞争是可控的，过往的经验是财富，可以有效指导企业未来的战略制定和发展规划。有经验的管理者可以根据往年的市场数据、营销策略效果、行业竞争对手以及对手可能实施的市场策略，评估出市场和行业的发展走向；可以根据市场竞争情况，制定未来三至五年的企业发展战略、竞争策略和销售增长规划。

工业时代的最大特征就是确定性，一切都可以预测和规划，过往的经验对管理者非常重要。工业时代的企业管理者主要是对确定性进行管理，管理的是效率，管控的是风险，在确定性下推进企业的成长。企业运行的底层逻辑是可规划、可把控、可预判的。确定的市场需求、明确的竞争对手、有效的发展路径、清晰的企业战略、可见的成长预期这些都是工业时代确定性的特征。

数字化时代，行业或市场竞争变得不确定，用户需求更加个性化，选择更加多元化，新世代消费者更加年轻且充满主见；市场竞争更加充分而激烈，经常会有跨界的企业进入某个行业，对原来行业的从业者进行降维打击，给行业带来重大冲击或重构，让行业内的传统企业变得举步维艰。比如，支付宝、微信支付对金融行业的降维打击，让银行感受到巨大的压力；滴滴对交通出行行业的重构，给出租车行业带来冲击。再如，抖音、爱奇艺、腾讯视频等新媒体平台对传统影视行业的影响，网易新闻、今日头条等对传统新闻媒体行业的颠覆，等等。很多传统行业的竞争对手不再是原行业内的从业者，而是跨行业进来的跨界者，这让传统行业的从业者变得很迷茫，不知道竞争对手会从哪里来、会用什么样的方式带来竞争或革命。

这就要求数字化时代的管理者改变自己的思维认知，从更高维度、更高视野去看待数字化时代的竞争，利用数字化技术和数字化逻辑算法等，加强对目标用户的识别，通过合理有效的方式去触达和转化用户，建立目标用户和企业的强黏性，通过对数据和数据技术的使用，降低企业在运营管理和市场竞争中的不确定性，通过技术将不确定转化为相对确定。

管道化 VS 无边界化

工业经济时期企业是封闭的、有边界的，其属性是管道型企业。企业的运营流程是从生产端经过渠道端再到消费者端，企业生产公司生产产品，然后经过渠道端进行产品铺货，产品从渠道端最终流向消费者，整个流程类似于"管道"。企业是整个流程的源头，产品的研发设计和生产制造以企业内部意见为主，用户的意见和对产品的建议及需求，很难被企业接受和采纳。无论是产品还是营销和促销信息，都是单方向从企业方流向用户方。大多数传统的生产制造型企业都是实行这种单向流通模式，以企业的意识为主进行产品设计、生产，通过渠道端进行销售，最终将产品导流到消费者端。

在数字化时代，数字化技术打开了企业边界，无论是生产还是营销，用户都可以借助数字化平台深度参与其中，信息可以双向流动，用户的意见可以反向影响生产企业；企业的生产、研发不仅可以依靠自己公司员工的能力，还可以借鉴公司外或其他行业专家的智慧，甚至是消费者的智慧，共创产品，让产品更加符合消费者的需求。比如，海尔提出"世界是我的人力资源部"，华为说"炸开金字塔的顶层，吸收宇宙的能量"。其实这些都是在表达打开企业边界，将企业外部资源和能力引入企业，实现企业的目的。

数字化时代的企业不再是单体的、渠道型的，而是一个平台型、生态化的无边界组织。企业的运营资源也不再只依靠自身所拥有的，而是可以向全行业、全世界吸收智慧和能量，这就打破了传统企业固有的边界和形态。企业可以通过各种数字化技术和平台，及时获取市场反馈，从市场反馈中获得灵感，进行产品研发和市场营销创新。比如，小米公司通过"为发烧而生"的理念，获取了一大批极客种子用户，发烧友不断测试手机的各种性能，通过小米公司的数字化论坛，将手机的各种问题反馈给小米公司的研发工程师，从而推动小米手机的迭代升级。小米公司将消费者纳入产品研发、产品测试环节，不再只通过内部研发工程师进行产品测试和功能迭代，而是依靠庞大的消费者的力量，推动产品功能和性能的改进和提升。小米公司的模式打破了传统企业"管道"型的、有边界的组织模式，将企业和市场需求融合在一起，形成一个平台型公司。

数字化转型其实就是将企业由"管道型"的运营模式，转变成无边界的平台型或生态型的运营模式。企业在转型过程中需要结合自身的情况，将数字化技术和思维与实体业务相结合，打破企业边界，构建平台化、生态化组织，推动传统实体企业的数字化转型。

中心化 VS 去中心化

工业时代企业生产和营销都是中心化的。企业按照自己的意愿和能力来进行产品的研发、生产和销售，用户的需求和意见很难触动企业或对企业产生影响，产品研发、生产和销售是以企业为中心的；营销宣传的媒体平台也是中心化的，如电视、报纸、杂志、展会等，这些资源都是有限的，形式也具有排他性，广告投放和广告制作门槛相对较高，不能按照企业的意愿随时随地做宣传。这种中心化的媒体属性拉高了企业的营销投入成本，增加了投放难度，而且营销费用、投放周期、投放频次和营销效果很难自己把握，要受制于市场竞争和中心化媒体的资源情况，企业的自主决策权低。

数字化技术和平台的发展让决策中心发生了转移。企业的营销宣传形式不再受制于中心化的媒体资源，以电视、报纸、杂志等中心化的媒体平台为主要宣传渠道，转变成以微信、抖音、今日头条、微博、小红书等社交化媒体平台为营销阵地。借助无边界的数字化平台，企业可以根据自己的需要和用户的需求，进行自主营销和宣传；数字化媒体平台让每个人都成为自媒体，可以独立发表意见和看法，个人成为自媒体渠道，人人都是一个网络媒体节点。数字化平台和自媒体打破了媒体的中心化属性。借助数字化平台和自媒体，企业可以随时根据需要及时营销；通过让用户参与到企业营销环节中，将消费者和宣传者融为一体，降低营销成本。比如江小白，通过走心的文案营销，让消费者既消费又免费给企业做宣传。走心的文案，让消费者自发地将江小白酒发布在社交媒体平台上，降低了企业营销费用，形成了免费的、裂变的、去中心化的自媒体营销宣传效果。

数字化技术和平台的快速发展，让产品的购买决策权由企业方让渡到消费者一方，降低了产品和品牌选择的难度，使消费者获取信息更加容易，而且会更多参考消费者和使用者的意见，而不再只听从企业的广告宣传，企业营销中占领用户心智的不再是广告，而是消费者的口碑。广告是中心化的，而口碑是去中心化的。这就要求以企业意愿为中心的生产和销售模式，转变成以满足用户需求为中心的个性化生产和定制，企业需要更加重视消费者的意见和建议，改变研发、生产、营销、销售等流程体验，增加消费者和企业之间的黏性，让产品更容易被市场接受。

数字化技术的发展让企业的生产、营销转变成去中心化的模式，作为企业管理者要掌握去中心化的特征，在企业管理和营销策略方面进行转变，更好地发挥去中心化的媒体作用，通过低成本、高效率的自媒体和引导用户参与，让企业的生产、销售和营销有更快的发展、更好的效果。

中介化 VS 去中介化

工业时代企业的营销链条比较长，企业需要通过中间商和渠道商等中介机构，将产品销售到不同区域的目标消费者手中，较长的串行价值链体系推高了产品的价格，拉长了服务流程，扩大了企业与消费者的距离，企业很难掌握市场一线的需求。中介机构也成为企业与消费者之间的阻隔，隔断了企业和消费者的直接联系，企业无法了解到消费者对产品和服务的真实感受和体验，消费者的意见、抱怨、需求等不能及时、有效地反馈至企业端，较长的信息反馈链让信息产生损耗和失真。企业长期在自己固有的认知或失真、片面的信息基础上做出决策，无法有效把握用户的真实需求，必然会降低决策质量，甚至影响企业的长久发展。

数字化技术和平台的迅猛发展打破了中介化的串行模式，变成去中介化、平台化的宣传和销售模式，缩短了企业和消费者之间的距离。企业可以直面消费者，越过中间各种渠道和中介机构，直接获得消费者的意见和建议；通过电商平台和自建应用软件、小程序等数字化营销工具，绕开中间商渠道（批发商和零售商），将产品从生产方直接销售给消费者，甚至可以实现从生产线直达消费者，实现按需个性化定制。

企业还可以通过构建自己的私域系统，运营私域用户，直面消费者，获取和聆听来自用户的真实的声音，大大降低信息损失和失真概率。通过将私域用户系统和电商销售平台打通，企业可以将产品直接销售给消费者。消费者可以在这些平台和私域系统中和企业进行交互。企业通过对沉淀在私域系统和平台上的用户数据进行提炼、分析，用数据指导企划、研发、生产、营销、物流和服务等，根据用户的意见和建议，优化改进全流程环节，提高用户体验。

去中介化，让企业和消费者建立直接的联系和关联，既减少了中间获利层级，降低产品的售价，又缩短了企业和消费者之间的距离，减少了信息传递环节和流程，能让消费者的声音尽可能全面地被企业接收，为企业的运营决策提供来自市场一线的声音。

组织价值 VS 个体价值

工业时代，面向市场运作的主体是企业、是工厂，给用户提供产品和服务的也是企业和工厂这样的组织，产品生产、企业营销、售后服务等都是基于组织来实施的，组织是市场经济运行的主体，所有经济运行行为产生的价值都依附在组织上。

到了数字化时代，除了企业、工厂这种组织，个体也可以参与到市场运作中。个体甚至可以不依托企业等组织，而以个体的身份、自由职业者的身份进行品牌宣传、IP 建设、资源整合、产品销售等市场行为，个体的价值得到充分的释放和凸显，如 KOL[①]、KOC[②]等都是将个体价值发挥到最大化，通过个体品牌打造，吸引了大量的用户，通过对用户的运营，将个体价值发挥出来。得益于数字化的发展和应用，每个个体都能充分表达自己的观点和诉求，每个个体都有机会实现自己的价值，数字化平台的加持可以快速帮助个体提升知名度，实现个体价值。

工业时代，个人要依靠组织，组织价值大于个体价值；数字化时代，个体价值可以不依托于组织，可以超脱于组织，甚至个体价值可能会大于组织价值，这对管理者来说是一个非常大的认知转变，要能理解和接受个体价值的凸显，要认识到借助数字化平台和工具，每个人都是一个巨大的能量体，能创造出巨大的价值。数字化技术让个体和组织的关系发生了变化。

---

① KOL，即 Key Opinion Leader 的缩写，表示关键意见领袖。
② KOC，即 Key Opinion Consumer 的缩写，表示关键意见消费者。

科层制 VS 扁平化

科层制是几百年来非常高效的一种组织运行模式，不管是军队、企业、政府、宗教、公益组织等都采用科层制的组织形式来运行，科层制因高效和强管控性，有效支撑着各种组织形式的运转。科层制的主要表现形式是金字塔式的组织形式，决策和指令由高层下达，中层负责传递和协调，基层负责落地。这种组织形式对于确定性的竞争和变化是非常有效的，而且效率非常高，比如部队执行力非常强，就是科层制优势的表现，体现了科层制高效、强管控以及严谨的流程的特点。

而数字化时代，市场变化快，用户需求多变，竞争状况不清晰，这就需要组织能快速、敏捷地应对市场的变化，及时满足用户的需求。工业时代的科层制组织不能很好地应对多变市场的不确定状况，科层制的强管控性、严谨的流程性阻碍了组织的灵活性和敏捷性，科层制金字塔式的决策模式不能准确把握市场的变化和用户的需求。采用科层制的组织形式，决策层在组织的顶层，大量的信息由下而上进行传递和汇聚的过程中必然被筛选或屏蔽，导致信息失真；信息经上层了解、评估和决策后，再从上而下反馈到基层，基层需要对决策有一个理解和认可的过程。整个信息流转和决策过程烦琐且长，信息传递有损耗，决策层对信息的理解也可能有偏差，从而导致决策慢，或者决策不合理。同时，科层制严谨严密的流程扼杀了运营过程中各种创新的机会，导致企业陷入流程依赖、路径依赖和高层依赖，一线能听到"炮声"的人的意见和基于市场一线的变革得不到理解和支持，从而让企业陷入内卷和平庸。

为了打破科层制的弊端，领先的组织大多进行扁平化的转型，缩短信息的传递和决策流程，减少信息在传输过程中的损耗和失真，让一线的市场信息能及时被高层获取，也能让上层的决策意图更容易被基层理解。通过扁平化的组织结构，提高信息的传输效率和组织的灵活性，以满足数字化时代企业快速灵活地捕捉市场机会、快速试错、快速迭代的需要。

组织的扁平化有利于释放组织的活力和创新力，快速满足市场需求。很多大型企业都在进行组织的扁平化改造，以适应数字化时代企业发展的需要。比如，海尔集团由科层制组织转为扁平化之后，只有三个层级，即平台主、小微主、小微成员，通过组织的扁平化，激活了组织效能；小米集团刚开始创业的时候，也只有三个层级，即核心创始人、部门经理、员工，扁平化的组织形式提高了小米对市场的敏感度和灵活性，这也是小米能快速成长的重要因素。小米和海尔都通过扁平化的组织形式，使组织具备了快速响应能力，每位员工都直面消费者，聆听市场的声音，根据用户的反馈快速做出决策，并及时获取集团内部的资源支持。

以上是工业时代和数字化时代企业之间的六个差异，作为企业的管理者，要意识到企业管理和组织的发展方向和变化趋势，只有意识到不同时代底层运行逻辑的差异化，才能更好地根据时代特性做好管理和组织的变革。

二、数字化思维模式介绍

数字化时代，企业管理者需要在日常管理和运营中转变思维方式，以数字化的思维方式来认知时代的差异、市场的变革，指导企业决策和运营。所谓思维一变天地宽,只有思维发生改变,才会引起行为的改变,行为改变后,才会带来结果的变化。

数字化时代的管理者可以从表3-1所示的4个维度9个方面进行思维和认知的改变,有效推动传统企业向数字化企业的转型。

表3-1 管理者的数字化思维

维度	思维	特点
战略角度	聚焦思维	资源聚焦、行为聚焦、决策聚焦,所有行为和决策聚焦在企业的主航道上,力出一孔,达到击穿市场的效果
运营角度	爆品思维	打造让用户尖叫的产品,简约、极致、迭代,赋予情感
	用户思维	由企业视角变成用户视角,从关注企业内部变为关注市场外部,从运营产品变为运营用户
	智能化思维	基于大数据、算法、算力、模型等数字化技术和工具,构建组织的智能化运营能力,构建流程自动化、营销自动化、运营自动化,通过数据和智能化提升运营效率,解放人力效能
	非线性指数增长思维	通过社会化平台和社会化营销方式的使用,如各大数字化平台、社群私域、粉丝用户、品牌IP、口碑裂变、免费等策略的使用,实现企业业绩的倍速增长
管理角度	赋能思维	从管控到赋能,帮助下属成功
	激发思维	从被动到主动,让管理更轻松
组织角度	平台思维	开放自己,连接万物
	生态思维	打造或融入生态,共创共生

下面对各思维做详细的介绍说明。

聚焦思维

聚焦思维是数字化时代战略思维的表现形式。相比工业时代的多元化战略,数字化时代的企业战略要求聚焦,集中企业优势资源在一个特定的产品或目标市场上，不断在一个市场或一个产品上深耕，为目标用户提供极致的产品或服务，超越竞争对手，从而创造企业在竞争中的领先优势。聚焦才能专注，才能心无旁骛，才能让资源投入价值最大化。

当前优秀的企业基本都采用了聚焦战略，在一个行业内获得持续领先，从而产生巨大的价值。比如，苹果公司聚焦在手机、电脑、手表等几款产品上，华为聚焦在通信领域，微软的成功源于操作系统和办公软件，格力主打的是空调，海尔的核心产品是白色家电，小米的起家聚焦在手机。这些优秀的企业都是在一个产品或一个行业内做到极致，从而建立起了核心竞争力。

聚焦就是要做钉子，在一米宽的位置上，做到一公里深。企业的资源是有限的，市场的竞争是无限的，企业只有聚焦在自己的核心领域，并将核心领域的产品和服务做大做强，做到极致，才能在无限的市场竞争中占据有利的位置。

聚焦，用华为的话来说就是"力出一孔，利出一孔"，不断在一个行业、一个产品上加大资源投入，建立产品和行业壁垒，将竞争对手隔离在壁垒之外。苹果手机就是垂直聚焦的典型，小米学到了，然后创造出了小米手机；华为坚持垂直聚焦，不断在通信行业投入资源，让华为在 5G 领域取得了绝对优势，并且在通信行业走到了无人区，引领行业发展的趋势和方向。这就是聚焦的力量。

爆品思维

数字化时代，无论是企业还是用户对产品的要求都比工业时代要高。产品是企业的基础，是企业连接用户的纽带。工业时代，产品质量即使达不到要求，因为中心化的原因，企业也能有一定的生存空间，而到了数字化时代，在去中心化的状态下，如果产品质量出现问题，在数字化的加持下和自媒体的宣传下，企业品牌和口碑坏了之后，将很难获得用户的接受和认可。所以，数字化时代，企业一定要把工业时代的"产品"概念升级为"爆品"概念，也就是为用户提供超出用户预期的、让用户尖叫的产品和服务，通过"爆品"跟竞争对手形成差异化，打造竞争壁垒。

工业互联网时代，企业生产的产品大多以满足用户的使用功能为主，比如诺基亚手机只能打电话、发短信，属于功能机；之前的冰箱只能冷藏、保鲜，而无法连接上网，无法对冰箱存储和用户采购情况进行数据留存。而数字化时代，手机是智能机，除了能打电话、发短信这些基础的通信功能，还能让用户更好地娱乐、办公、交流、游戏等，在手机操作体验等方面进行了人机互动升级，从外观设计到触摸屏、内存、存储等都进行了迭代升级，让用户的操作体验更好；冰箱也越来越智能化，具备上网功能，能通过应用软件控制冰箱的运行，冰箱能智能提醒食材存储时间，提醒用户在食材营养成分最佳的时候尽快将食材用掉。这些都比工业时代用户的体验要好。这些都是爆品思维的落地体现。爆品要能解决用户的痛点，要有高性价比，是大众享受得了的，还能给用户带来精神方面的满足，有一定的格调。

爆品思维要把握这么几个原则：简约、极致、迭代、赋予情感。

（1）简约，就是产品操作要简单。比如，手机屏由机械按键变成了触摸屏；杀毒软件就三四个按钮，就能杀毒、清理垃圾、内存加速、管理软件等，这些基本是大家常用的功能，界面和操作要设计得非常简单。

（2）极致，就是将功能开发到极致，通过细节提升产品品质。比如，小米净化器，通过对出风口的数量和出风口的直径大小进行测试验证，最终确定为 5730 个孔，每个孔直径 0.2 毫米，出风效果最好，还不影响净化器美观。因为出风孔太大了会让净化器显得黑，不好看；出风孔太小了会影响进风、出风、过滤，从而影响产品性能。总之，对细节的把握和改进是打造爆品的前提。

（3）迭代，就是要不断测试方案，并且后期要不断对功能和体验进行优化。典型的迭代案例就是苹果手机，从 iPhone 1 开始，不断对功能和体验进行迭代升级，当前已经升级到了 iPhone 14。十多个版本的升级，不断加深用户对苹果手机的认知，获得了很强的用户黏性，这就是迭代的价值——产品功能不断提升，用户认可度不断加深，降低了品牌营销的费用，增强了用户对产品的认知。

（4）赋予情感是在产品的功能体验之外，让消费者感受到产品所承载的情感信息，为产品赋予情感内涵和身份认证，从而让产品更容易被消费者接受和认可。

数字化时代，生产工艺获得极大解放，用户需求极具个性化，竞争也变得非常激烈，只有专注产品、打造爆品，才能构建不确定性时代的竞争基础。

用户思维

用户思维是数字化转型的核心思维。用户思维要求企业的一切运营和营销，都是站在用户的角度进行思考和决策，满足用户的最佳体验和感受。以用户为中心的模式打造是数字化转型的目标和方向，企业的企划、研发、生产、销售、配送、售后等都应该围绕着用户体验的提升来设计和规划。

用户思维要求获取和留存大量的用户。工业时代，企业卖完产品和用户的连接就结束了，用户的各种信息，如年龄、性别、学历、区域等属性信息，以及用户的需求信息、购买信息、喜好信息、决策信息等都无法详细了解和获取，企业和用户的交易都是一次性的，很难再去主动连接和触达客户。到了数字化时代，企业可以通过数字化的技术和工具，了解用户的需求、喜好、购物频次、使用体验等，尽可能多地获取用户的各种数据。企业可以通过平台和工具与用户建立连接，企业和用户之间不再是一次性的消费连接，而是可以多次触达用户，和用户建立黏性和长期的关系。

拥有大量用户的企业，将在产品研发、销售、品牌建设方面相比其他企业来说具有巨大的优势，因为具备了巨大的市场基础，在这些用户的基础上进行口碑宣传、品牌建设、裂变销售，可以多次与用户建立连接和互动，推荐新品、了解需求、迭代功能、增加复购，基于大量的用户私域，会在降低营销成本的基础上带来巨大的销售量，这一降一增就带来了比较可观的利润空间。

用户思维要求用户参与到企业运营过程中。在企业运营过程中，用户思维可以和爆品思维结合起来，让产品和目标市场的用户匹配，才能带来巨大的成长空间，也才能获取大量的用户。爆品是为满足用户需求、解决用户痛点而设计和研发的，不能脱离用户市场和用户需求，企业在做产品研发和企划时，要从企业视角变为用户视角，深刻了解和洞察用户的真实需求，而不是站在企业的角度看有哪些资源、能研发什么功能，最好让用户参与共创，参与到产品从企划到销售的全流程环节，让产品和用户建立深度连接，并建立情感基础。

用户愿意购买某些产品，一定是这些产品能解决用户的需求和痛点，甚至能满足用户的精神需求。比如，奢侈品不仅是功能的满足，更是精神层面、生活态度以及价值观层面的满足。产品不是企业推销出去的，而是用户选择的，用户找到的能满足自己需求的产品，能让用户主动购买的产品，才是爆品。所以企业在运营过程中要把用户思维和爆品思维结合起来，基于目标用户群来设计和研发产品功能。

用户思维要求企业从企业视角变成用户视角，从关注企业内部变为关注市场外部，从经营产品变为经营用户，通过与客户的深度连接，真正围绕客户需求提供有价值的产品和服务，提升客户体验，满足客户的多元价值需求，乃至为客户提供全生命周期的终身价值。

智能化思维

智能化思维要求企业用大数据和智能化工具提升企业的转型效果，要求企业在强大的数字化能力的基础之上，进行智能化的流程变革和管理变革。企业管理者要了解和掌握各种数字化技术的应用，如大数据、云计算、区块链、物联网、人工智能，以及各种逻辑和算法在业务中的有效应用，提升业务流程的自动化和智能化。比如，财务流程中系统可以根据数据阈值和设置的权限，进行自动审批。重复性的数据调取工作可以使用 RPA 机器人，既提高了效率和准确性，还降低了人工成本，释放了人力资源，让员工去做更有价值的工作。再如，智能工厂通过使用物联网和工业互联网技术，将传统的生产制造升级到智能制造，降低了人员成本，提高了生产效率，降低了成本损耗。

智能化思维要求企业管理者通过数字化、智能化的技术改造业务流程，重塑业务模式，实现产品在线、员工在线、用户在线、客户在线、流程在线、管理在线，将企业运营过程中的各个环节都实现线上化、数字化，并在数据、逻辑、算法、模型等的加持下，具备"数据驱动"的企业运营决策能力，从而实现业务的自动化、智能化，最终走上智能化的企业运营和管理道路。

非线性指数增长思维

任何时候企业的运营都离不开"增长"这个词。企业运营的目的就是获得长足的增长，如企业用户数据的增长、企业业绩的增长、企业市值的增长、企业品牌知名度的增长，没有增长的企业是没有未来的。传统管理思维模式下，企业的增长一般是线性的，每年能实现10%左右的增长就已经是比较优秀的企业了，而能实现20%甚至30%的增长就是非常优秀的企业了。而在数字化思维下，基于庞大的用户数据，通过数字化技术和数字化平台的有效运用，企业可以实现指数级的裂变增长。业绩或用户数等完全可以实现倍速增长，甚至几倍速增长。比如，很多具备数字化思维的企业，成立两三年的时间就做到了销售额从0到10亿元，甚至30亿元的成绩。这些企业借助电商平台，获取大量的用户基数，通过提供爆品，积攒良好的用户口碑，再通过数字化媒体平台和自媒体等社会化营销方式不断放大口碑，获得更多目标用户的关注和转化，从而形成正向循环；甚至很多品牌，贴近用户，跟用户互动，了解用户对产品的使用感受，听取用户意见，让用户参与产品的试用、研发、迭代、升级，获取用户口碑和认可，提升产品品牌和销量。

作为传统企业的管理者，要能理解和掌握指数级增长的思维方式和操作方式，跳出传统的线性增长思维，学会利用数字化技术推动企业的指数级增长。

赋能思维

赋能思维要求管理者改变管理思维和管理方式。传统企业中，管理者是做决策的、下命令的，通过命令和指令安排下属工作，让下属达成工作目标。传统企业的管理者是管人理事，在日常工作中掌握权力，工作达成的落脚点是在管理者身上。而赋能思维，是指管理者通过为下属提供资源和支持，帮助员工快速成长和成功，从而实现工作目标。管理者要授权赋能，将决策权让渡给员工，给予员工决策权，管理者为员工工作的达成提供各种资源支持，解决员工资源和能力的短板，从而帮助员工成功。工作达成的落脚点在员工身上，管理者是帮助员工达成目标，进而实现整体工作目标。

这对传统的管理者来说是比较大的转变，从管控到赋能，由在企业中发号施令的管理者，变成给员工提供资源和支持，帮助员工成功的资源提供者。决策权下放到员工身上，管理者的权力变小了，从自己的成功到帮助下属成功，这对管理者来说，无论是心理上还是行为上都是一种转变。

激发思维

员工的能动性一直是管理者在管理过程中需要解决的。各种考核机制就是为了调动员工的积极性和能动性。但各种考核机制是从外在去推动员工，而不是从内在去激发员工的。众所周知，内因才是起决定作用的，鸡蛋从内部打破才是生命，如果员工能从内在自发驱动自己，那管理就会变得很简单。很多优秀的公司，如谷歌、奈飞、阿里、海尔等都在探索弱化管理，强化激发员工的积极性和能动性。

所谓激发，就是点燃。通过一些激励动作、一些授权赋能操作，激发和点燃员工内在的工作积极性和能动性，让员工自主自发地去推动和完成工作，从被动到主动，激发可以让管理更轻松。纵观国内外，领先的企业都在不断探索管理的变革，希望通过激发代替管理，赋能代替命令。比如，谷歌、奈飞、海尔、美的、京东、韩都衣舍等国内外大中小领先企业，都在变革管理者的管理思维和管理方式，采用激发的方式调动员工和组织的效能。

德鲁克认为，管理就是激发人的善意。而被激发出自主能动性的员工，可以爆发出巨大的潜力。海尔的小微创客机制给海尔集团带来巨大的创新活力，就是因为小微创客机制充分激发了每一位员工的创业精神，每一位员工都能自主自发地去发现工作中的问题、市场的需求和机会点，从而整合各种资源去达成目标，这种管理模式在海尔内部被称为"人单合一管理模式"。韩都衣舍通过阿米巴小组改革，激发了阿米巴小组员工的能动性，员工把工作当成自己的事业来做，极大地激发了员工的积极性和能动性，员工在工作中更加愿意思考，主动创新，主动解决问题，韩都衣舍的管理变得相对简单。海尔和韩都衣舍的变革，都是在探索如何更好地激发员工的内在能动性。

创新对于数字化时代的企业来说尤为重要，而创新不是管理管控出来的，好的创意点大多是一线员工基于现实情况主动贡献出来的。所以管理中有句话叫：问题在一线，答案在现场。数字化时代的管理者要学会通过激发的方式，调动每一位员工的内在驱动力，发挥员工的聪明才智，找到最佳的问题解决方案。具备激发思维的管理者，当把员工激发了、点燃了，就可以看到员工爆发出的巨大能量。激发思维和激发能力是数字化时代企业管理者要具备的思维方式和管理行为方式。

平台思维

平台思维和后面要提到的生态思维，是从组织结构方面对管理者思维和认知进行的变革。传统企业一般是有边界的，有自己的工厂和生产线，有产品自主研发能力，有构建和合作多年的销售渠道，有自己的产品和企业品牌，也有签约公司自主管理的员工；而数字化时代，产品不一定要自己的公司生产，生产线不一定要自己建，销售渠道也不一定是自己的，员工也不一定要和公司签合同。

数字化时代，企业可以打开边界，转型成一个平台型企业，可以通过整合外部资源，实现企业自身资源所不能达成的目标。比如，数字化时代很多"大V[①]"，拥有庞大的粉丝，粉丝会被"大V"影响，当企业跟"大V"建立合作，可以通过"大V"的影响力拉升产品的销售和品牌的曝光率。这些"大V"并不隶属于公司，也不是公司的员工，但不影响公司借助"大V"的力量达成企业的目的。传统企业成就多大事业，要看企业拥有多少资源；数字化时代企业不在于拥有多少资源，而是能整合和引入多少资源

① "大V"，是指在新浪、腾讯、网易等微博平台上获得个人认证、拥有众多粉丝的微博用户。由于经过认证的微博用户在微博昵称后都会附有类似于大写的英文字母"V"的图标，因此网民将这种经过个人认证并拥有众多粉丝的微博用户称为"大V"。

为企业所用。作为平台型的组织，不一定要拥有足够的资源，但一定要学会整合和使用优质资源。是拥有资源还是整合资源，组织是封闭的还是开放的，这是传统企业和平台型企业的差别。

平台化企业有一个非常显著的现象是双边网络效应。所谓双边网络效应，就是在平台上一般会有供给侧和需求侧两方面的资源，当一侧的资源增加时，另一侧的资源也会随之增加。比如打车软件，当司机不断增加时，打车的人也会随之增加，因为车多了，能满足当前打车的需求，而需求满足得越快，会吸引更多的有打车需求的人来使用打车软件。打车的人不断增加，同样会吸引更多的司机到平台上注册，这就实现了司机方和打车方在平台上的不断增加。这就是平台公司双边网络效应的体现。电商平台、旅游平台亦如此。

打造平台，需要考虑如何通过双边网络效应将平台价值发挥到最大，通过一方资源吸引另一方资源，通过资源的提升做大平台价值。

生态思维

生态思维和平台思维是紧密相随的，当企业转型成一个平台后，企业边界打开了，就可以基于平台连接万物，当平台连接的资源越多、整合的资源越多，平台所处的节点就会越多。当平台以节点的方式融入行业和上下游供应链中，便打造或融入了生态。

生态这一概念来自生物学，是指在一定时间和空间范围内，一个由不同类型生物种群及其所处环境通过相互支持与制约而形成的动态平衡的统一整体。数字化生态，是以互联网技术为核心，实现跨产业垂直整合下的价值链重构，打破产业边界、实现跨界创新，从而重构生产关系，极大释放用户价值和经济价值，形成

"平台 + 内容 + 终端 + 应用"的完整闭环生态系统,与社会化的合作伙伴共生、共赢、共享,提供与众不同的极致体验和更高的用户价值。

生态思维要求企业或平台与生态中的企业、平台资源互通,共创共生。通过能力、资源、数据、用户、市场、渠道、品牌等在生态内的流转、赋能,让生态更加繁荣,从而让平台或企业获得更好的发展。数字化生态战略布局下,考验的不是企业单打独斗的能力,而是与整个生态的协同能力。数字化生态要求开放、协同、赋能。

比如,关于景点门票是应该涨价还是降价或是免费,要从生态思维的角度来看,而不能仅看到景点门票的单一收入。例如,景点降价或免费后,是否能增加景点的游客数量,是否会增加景点内的各种玩具、食品、纪念品、饮用水、游乐设施等的收入,是否会带动景点周边的餐饮、酒店及交通收入等,这些都是以景点为中心的生态化收入,因此,很多景点取消了门票收费。这就是管理者在应对景点同业竞争时,从生态思维角度进行的思考和决策。通过景点这一有吸引力的产品,带动其他相关产品的收入,景点为关联生态赋能,协同生态收入提升,这对拉动当前的经济也有明显的作用。这就是生态思维带来的决策和产生的价值。

以上从战略、营销、市场、技术、管理、组织等维度列出了管理者需要进行的思维转变。这些思维变化对重塑传统企业的管理者的思维认知是非常重要的,建立起符合数字化时代特征的思维认知体系,才能在快速变化的市场竞争中把握底层规律,做出符合数字化时代要求的正确决策。传统企业的管理者如何用数字化思维来指导企业的日常运营管理呢?

三、如何用数字化思维指导企业转型

传统企业的管理者要正确理解数字化时代的特征，并用数字化思维来看待市场和竞争，从而做出正确的管理决策。

传统企业的管理者用数字化思维推动数字化转型，可以从以下几个方面做起。

（1）顺应趋势，深刻理解和明确数字化时代和传统时代的差异；

（2）采用聚焦战略，专注在企业的主航道上，建立起企业在市场竞争中的高壁垒；

（3）构建以用户为中心的商业模式，打造爆品，让爆品满足目标用户的期望，并形成超高黏性；

（4）让用户参与全流程共创，缩短企业与用户的距离；

（5）变革组织模式，建立扁平化敏捷快速响应的组织体系，向平台化、生态化转变；

（6）转变管理方式，调整管理动作，由传统的管控指派式向赋能激发式转变，激发员工的内在动能；

（7）打造数字化的团队和文化。

下面以小米为例向大家阐释参与红海竞争的产品如何通过数字化的方式脱颖而出，成为世界级公司，创造商业奇迹。

四、案例：数字化思维成就小米快速成长

手机市场是一个典型的红海竞争市场，竞争对手巨头林立，

一般的企业很难有魄力进入该市场。小米的创业者却以手机为切入口，构建了一个庞大的生态系统，并创造了最短时间进入世界500强且成功上市的纪录。

小米公司的成功离不开数字化思维的指导。我们从数字化思维的角度来剖析小米公司的成功因素。

1. 认知时代差异，改变企业运行的底层逻辑

小米的灵魂人物雷军是资深的互联网从业人员，在二次创业前，他一直在思考如何创立一家伟大的公司。经过深入思考，雷军发现未来的趋势是移动互联网，是扁平化、无边界、去中心化和去中介化的时代，采用传统的企业管理模式很难在数字化时代快速建立企业竞争优势。因此，小米公司在建立之初，就采用数字化思维来运营，站在用户的角度来思考产品功能的设计和开发，不断打磨产品，让用户参与到产品设计和研发中，重视用户的意见和操作体验，采用互联网的裂变式口碑营销，从底层运营逻辑上改变了小米公司的运营机制，使小米快速建立起了品牌知名度和市场优势。

2. 运用数字化思维，升级小米商业模式

雷军在研究了国内外多个优秀的企业案例之后，提出了小米的数字化思维七字诀：专注、极致、口碑、快。这是小米模式的核心，也是指导小米公司快速成长的方法论。

小米通过专注也就是聚焦思维，将所有资源和精力聚焦在手机行业，专注打磨手机产品，将手机产品功能和体验做到极致，在用户的思维认知中建立起超高的性价比意识，产品和软件的迭

代周期非常短，让用户感受到爆品的价值。同时，小米非常在意用户的意见，基于用户使用过程中存在的痛点和需求进行产品功能的设计和开发，始终站在用户的角度去思考，将用户纳入企业营销和运营环节，这是典型的"用户思维"的体现，而不是企业自我为中心的思维模式。因为在意用户体验和用户感受，小米在粉丝中有了超高的口碑，借用数字化平台的指数裂变增长效果，带来了大量的粉丝用户。小米不仅是一个公司，更成长为一个平台，让用户参与产品共创的价值平台。

"专注、极致、口碑、快"的数字化思维方法论验证成功后，小米开始基于这个思维方法论对外输出，影响不同的行业，并打造了以小米手机为核心的生态体系。

聚焦思维、用户思维、爆品思维、指数增长思维、平台思维、生态思维这几种思维模式的运用，成就了小米在数字化时代快速成长的商业模式。小米给消费者带来的功能和精神层面的双重价值体验，让小米公司与用户之间具有了强连接和强黏性。

3. 与用户零距离，粉丝用户参与产品共创

小米公司通过数字化平台和数字化营销的方式，让用户参与到手机的企划和研发环节，打破了企业边界，产品的升级迭代不再是按照企业研发工程师所设想的功能进行升级迭代，而是基于用户使用过程中存在的问题进行迭代优化。粉丝用户参与产品共创，打破了传统企业以自我为中心的产品生产和研发模式，转变成以用户需求和用户体验为中心的研发模式，真正吸收用户的意见和建议，听从市场的声音，"用户参与"为手机的研发和改进指明了方向，让市场更容易接受产品。

用户参与产品共创，让用户对小米手机有了特殊的情感，同时也给用户带来了极大的价值体现，让消费者感受到尊重和认可，提升了消费者对公司、品牌和产品的黏性。

4. 去中心化的数字化媒体，实现指数级增长

小米通过社会化媒体营销的方式，快速将小米的优势在目标消费者中进行传播，拥有了大批的粉丝用户，通过口碑宣传和指数裂变的方式，实现了小米粉丝的指数级增长，也带来了小米业绩的指数级增长。

小米前期通过微博和 QQ 空间这两个平台快速实现了用户的聚集和口碑的宣传。雷军的微博账号拥有几百万名粉丝，每一条微博信息可以即时触达几百万名粉丝，粉丝再进行二次传播，从而形成指数级的裂变宣传效果。微博去中心化的媒体属性，大大降低了小米的营销投入。

小米不仅在微博上进行数字化营销，还利用微信、QQ、小红书等各种去中心化的数字化媒体平台进行营销宣传，打造宣传矩阵，充分发挥数字化媒体去中心化的优势，快速触达和聚集用户，用极低的营销费用实现最佳的营销效果。

5. 扁平化的敏捷组织形式，构建快速响应市场的组织能力

小米公司在创业之初对组织架构采取了扁平化设置，从创始人到基层员工，只有 3 个层级，企业高层是 7 个联合创始人，各自负责一个业务板块，并独立承担决策责任；中层是领导，负责协调和统筹，上传下达；基层就是员工，也就是所有的工程师。公司采用项目管理的形式进行日常推进，每个工程师都可以是

某个项目的领导，项目结束后，项目成员又分散到其他的项目组中，而曾经的项目领导有可能在新的项目组中只是项目成员。工程师没有层级，所谓的升职只表现在涨工资上。这样的组织结构，从创始人的方向决策到基层的落地执行，层级少，传输决策效率快，消息更容易保真；员工之间没有层级的约束，一切都面向市场，快速把握市场机会，解决用户痛点。这种扁平化的组织，提升了小米的快速反应能力，保证小米每周、每月都有新功能更新上线，构建了企业高竞争壁垒。

扁平化的组织形式打破了传统组织的层级，提升了小米快速应对市场变化的能力，让所有的工程师能快速捕捉和把握市场机会，并能根据市场需求快速迭代产品功能，提升小米与用户的互动和连接效能。

6. 管控式管理向赋能式管理转变，充分激发生态企业活力

小米公司通过手机产品探索出成功的方法论体系之后，对外输出价值观、方法论以及其他资源和能力，构建基于小米手机的生态链体系，并且帮助生态内的企业快速成长。小米从 10 个维度对生态内的企业进行赋能，这 10 个维度分别是价值观、方法论、品牌、供应链、资本、产品品质、产品定义、工业设计、渠道资源、团队，详细内容如图 3-1 所示。

（1）**价值观输出**。所谓"道不同不相为谋"。小米要求进入生态链的企业要认可小米的价值观体系，通过价值观的统一，建立同频的生态链企业。只有真正认可小米的价值观和生态模式，小米的生态能力和资源才会对其开放。价值观同频在生态内非常重要，会大大降低生态链内企业的沟通成本，提供决策效率。

图3-1　小米对生态链内企业的赋能维度

（2）**方法论输出**。小米通过数字化营销思维和方法论体系的输出，对生态链内的企业进行思维和认知的转变，让生态链内的企业认识到数字化时代与传统时代的差异，采用数字化的方法论进行产品和市场的运作。

（3）**品牌输出**。小米经过多年的运营，打造了"小米"和"米家"两个极具市场号召力的品牌，生态链内的企业如果贴上小米公司的品牌标识，会大大提升市场的认可度，降低品牌投入和营销费用。小米对生态链内的企业进行品牌输出，达到小米品牌管理要求的生态链企业，就可以让其贴上"小米"或"米家"的品牌标识对外进行市场运作。

（4）**供应链赋能**。小米生态链内的企业都是科技感强的公司，属于同类，其原材料采购、物流配送运输、产品生产等需求相似，可以将生态链内的企业需求进行合并，统一谈判或采购，形成规模效应，降低企业的采购成本，发挥供应链的规模效应。

（5）**资本加持**。小米的创始人雷军拥有雄厚的资本以及庞大的投资圈人脉资源，对需要融资的企业，可以提供资金支持，加速融资，加速企业孵化。

（6）**产品品质标准统一**。"小米"和"米家"是小米公司的两大品牌，在粉丝和用户心中对这两个品牌的认可度很高，为了保证品牌的美誉度，小米公司对使用这两个品牌的生态链企业的产品品质要求比较高，小米生态链内的企业，尤其是想使用"小米"和"米家"品牌标识的企业，需要严格执行小米的产品品质标准，确保"小米"和"米家"两大产品品牌的品质标准统一。严格的品质管控，既提高了小米生态链企业的产品质量，又维持了两个品牌的高口碑和市场接受度。

（7）**产品定义辅导**。小米会与生态链企业在产品定义上深度沟通和合作，从高端产品大众化（如平衡车、扫地机等由高价变平民价）和大众产品品质化（如接线板、旅行箱、电饭煲等产品质量突出）两个角度对每个生态链公司的产品进行讨论和定义，小米为生态链企业提供意见和建议，在产品研发前期就界定了产品的定位和方向。

（8）**工业设计赋能**。小米生态链的工业设计部门会与生态链企业的产品设计部门进行深入沟通，统一工业设计标准和要求，让生态链企业的产品都能到达小米的品质要求，保证了"米家"与"小米"品牌中生态链产品品质和风格的统一。

（9）**渠道赋能**。小米有线上线下两种销售渠道，比如小米网、小米线上商城、小米之家等，生态链企业的产品品质达到要求之后，可以通过小米的销售渠道进行销售，这就节省了生态链企业渠道建设和市场营销推广的费用，生态链企业只要专注做好产品品质就可以，大大降低了生态链企业成长的难度，所以很多小米生态链的企业在两三年的时间就达到了所在行业的头部位置，这就是小米公司为生态链内的企业整体赋能达到的效果。

（10）**人才加持**。小米的互联网人才可以为生态链企业提供智力赋能，甚至小米高管可以从小米公司离职，入职生态链企业，帮助企业快速成长。小米在生态链内保持了人才的无障碍流动，通过高端人才的流动，带动管理者思维的变革和组织能力的提升，赋能生态链企业快速成功。

以上 6 个大的方面便是小米公司快速成长的重要原因，由此可以看出，小米公司能创造快速成长的奇迹，根源在于采用了跟传统运营模式有巨大差异的数字化运营模式，变革了企业运行的底层逻辑。数字化思维的理解和应用，对传统企业进行数字化转型具有非常重要的借鉴和指导意义，希望传统企业的管理者能运用数字化思维帮助传统企业更好地推进数字化转型。

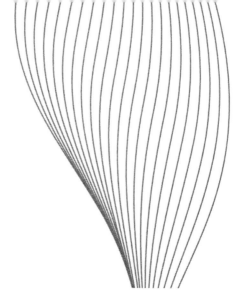

第四章

数字化时代需要新的管理范式

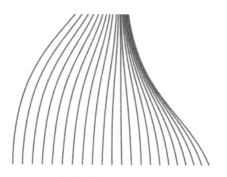

纵观自然界的一切领域，变化是自然界的重要法则。

罗·彭斯

数字化时代的快速发展和变革，让企业所处的外界环境充满了各种不确定性，用户和员工越来越年轻化和个性化，用户对产品除了功能层面的需求，还有精神层面的需求，企业之间的竞争呈现跨界和降维打击的趋势，这些都给数字化时代企业的发展带来了巨大的挑战和压力。为了更好地适应数字化时代的竞争需要，企业管理者应该采用跟传统时代不一样的管理策略和管理机制，以充分应对和迎接数字化时代的各种挑战。

一、传统管理范式的失效

数字化时代的发展让传统管理范式失效了。所谓范式，实质上是一种理论认知体系和适用框架，包括思维认知、方法论、法则、定律、规律等。范式代表了一定时期内人们对事物的普遍认知和行为准则。

数字化时代的到来带来了一种新的范式，给旧范式带来了很大的挑战和变革。第三章我们分析了数字化时代和传统时代的差异，数字化时代的不确定性、无边界化、去中心化、去中介化、个人价值凸显等特征，给传统管理范式下的思维认知、管理方式和组织形式带来很大的挑战，传统管理范式下的管理方法和组织形式越来越发挥不出管理效果。传统管理范式在数字化时代失效了。

传统管理范式的底层逻辑

传统管理范式是基于牛顿经典力学体系构建起来的。在牛顿经典力学视角下，宇宙是一个机械化的世界，整个宇宙万物是由各种物质构成的，宇宙的运行规律被确定性的规律和秩序支配着。牛顿力学思维下宇宙被视为"巨大的发条机器",像时钟一样精准运行,各零部件紧密配合,彼此咬合,不容出错。因此,牛顿力学思维认为现在和未来都是确定的、可预测的、可掌控的。消费者的需求和市场的变化是线性的、稳定的,企业之间、产业之间的边界是清晰的,企业的成长也是有迹可循、可规划、可预见的,企业可以基于过去的成功经验和积累的数据来推测未来的发展和成长空间,可以基于已有的资源和能力规划成长的方式和速度。牛顿力学下的思维认知核心是世界是确定的、可控的、可预测的、规则的、秩序化的。基于牛顿力学思维范式下的管理强调管控,希望通过计划、组织、领导、控制等管理职能,对日常工作和业务进行有效管理和控制,让一切都在掌控之中,有序发展。

牛顿力学思维范式下,企业和世界运行的规律可以归纳为还原论、初始条件决定论和因果论,这三个底层认知影响着传统时代企业管理者日常的决策和企业组织架构的设置。

1. 还原论

牛顿认为,大到天体运行宇宙世界,小到社会物体企业管理,都是可以分解和还原的,基于还原论,可以将高维的、复杂的对象分解为低维的、简单的对象来处理。工业时代以及现在的大多数人普遍接受的分析模式和认知思维是:把整体分割为部分,所有这些被分割的部分都是独立存在的。无论在社会事务上,还是在个人生活中,人们都已习惯了这种思维范式。比如,西医按照器官来治病,严重的病坏器官可以通过手术进行割除;机械设备是由各种零部件组成的,零部件坏了,可以修、可以换。这些都是还原论在起作用,把整体分割成不同的零部件来看待。

还原论很重要的一个结论是：整体等于各部分之和。钟表是由各部分零部件组成的，汽车是由两万多个零部件组成的，人是由各种器官组成的，公司是由各个部门组成的。各部分组合之后形成一个整体，通过整体发挥作用，零部件不能单独发挥作用，零部件的价值埋没在整体价值中。

2. 初始条件决定论

在牛顿力学思维范式下，初始条件对未来的发展有重大的影响作用，当初始条件确定后，未来的发展走势是可以规划和提前预测的。比如台球运动，根据每一次发球的力度、角度和方向，我们可以规划和控制球的走位和停留的位置，台球的初始受力决定着后面的运行轨迹，也就是初始条件决定着方向和结果。

牛顿力学思维范式下各种事物都受制于初始条件，根据初始条件可以预测和控制事情的走向。某种程度下初始条件决定着事物未来的发展方向和趋势。比如，企业运营过程中前期投入多少广告宣传预算，未来的品牌知名度和市场影响力就可以预判。当前企业的运营都取决于前期的资源投入，初始条件对传统企业来说影响非常大。

3. 因果论

牛顿力学思维范式下，一切都是有因果关系的，每个结果都由特定的原因导致。因果论认为未来由现在产生和导致，确切地知道现在，就能有效地预见未来，当前投入的资源，导致未来结果的产出。因果论在很长时期内一直影响着企业的运行和社会的发展。但到了数字化时代，随着大数据技术的发展，相关性逐渐取代因果性，事物之间不一定存在因果，但存在关系，比如啤酒和尿不湿，没有因果性，但具备相关性，这就是数字化时代和传统时代的区别。

基于牛顿经典力学理论下的还原论、初始条件决定论、因果论的认知范式，亚当·斯密在《国富论》中提出了分工理论。分工理论把整体拆分成很多部分，从业者各自承担一个部分的工作职责。分工操作提高了从业者的专业度，也提高了作业效率。这一理论给后来的管理者很大的启发。泰勒在分工理论的基础上，从工作流程和员工体能的角度进行科学分析，对标参考标杆，建立工作标准，通过日常工作数据对员工进行管理，建立了流程制，奠定了传统企业生产工序的基础，被称为"科学管理"。韦伯在分工理论的基础上，对组织行为进行研究和分析，提出了对组织行为和组织架构有深远影响的"科层制"理论。法约尔在分工理论的基础上，对管理行为进行拆解，提出了一般管理理论，这一理论成为工业时代企业管理的理论基础。

科学管理、科层制、一般管理理论等分工理论一直指导和影响着传统企业的运营和管理。

基于科学管理理论，工厂把生产过程进行拆分，建立多个工作节点，每个工序制定标准化工作要求，通过上下游工序的配合完成整体产品的生产。科学管理理论下产生的流程制，提高了每一个生产工序员工的专业度和工作效率，通过流程节点的配合，大大提高了公司的生产效率，成为当前生产企业的主流生产模式。

科层制是传统企业主流的组织管理模式。基于分工理论的指导，企业内部根据专业差异，划分生产、人力、财务、技术、宣传、物流等各种职能部门，通过职能部门的通力配合达成企业经营和管理目标。根据专业分工设置的组织，权力处在上层，命令从上而下，科层制的组织模式影响着 300 年来组织的架构设置和管理模式。传统组织。无论是军队还是企业、协会、慈善组织、宗教组织等，都采用科层制的形式来管理成员，由高层进行思考和决策，中层负责传达和承接，基层根据命令来执行。科层制大大提升了组织的决策效率和执行效率，对于有高执行力要求的组织，比如军队，是一种非常好的组织形式。从另一个角度讲，科层制自上而下的决策模式会抑制甚至扼杀创新，对于有创新需求的组织和机构就不适用了。而数字化时代恰恰需要大量的创新和创意，因此科层制组织形式不能很好地满足数字化时代企业的需要，时代呼唤新的组织形式。

一般管理理论把管理动作进行了拆分。一般管理理论由法约尔提出，他把管理划分为计划、组织、指挥、协调和控制五个基本动作，后来又演化为计划、组织、领导、控制，成为管理的四项基本职能。传统的企业和组织在这四项基本职能的指导下进行运作和管理。这四项基本职能是典型的管控模式。数字化时代呈现的特征是 VUCA，即易变性（Volatility）、不确定（Uncertainty）、复杂（Complexity）、模糊（Ambiguity）。VUCA 特性让管控变得较难，计划没有变化快，长期规划不再有效，企业需要根据情况随机应变、快速调整。

基于分工理论演化而来的科学管理、科层制组织形式和一般管理理论，对工业时代的企业管理和发展产生巨大的影响，推动了工业时代的发展。直至今天，这些管理范式还影响着数字化时代的企业家和管理者们，在一定程度上制约着数字化时代企业的发展。

传统管理范式失效的原因

数字化时代的快速发展，互联网和数字化等新技术的快速普及和应用，支撑工业时代企业发展的底层规律发生了变化，传统的思维方式和管理范式在数字化时代也失效了，企业需要探索和变革新的管理范式，以应对数字化时代的巨大挑战。传统管理范式失效的原因如图 4-1 所示。

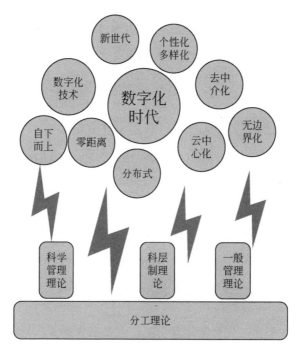

图4-1　传统管理范式失灵

1. 科技的快速发展，对传统企业的运行和发展产生巨大的冲击

大数据、人工智能、物联网、云计算、区块链、量子技术、元

宇宙等新的数字化技术的快速发展，对传统企业的商业模式产生巨大的冲击。数字化技术与传统行业的结合，造就了很多新的公司。比如，移动技术与手机的结合，造就了苹果、华为、小米等科技公司；数字化技术与金融的结合，造就了支付宝、微信支付等数字金融，包括正在大力推进的数字人民币，都给传统的金融运行带来了很大的挑战；数字化技术与交通的结合，造就了滴滴、携程等公司，ETC 的兴起，无感支付、车牌支付，让高速公路变成了无人售票，等等。数字化技术与各行各业的结合，给传统行业带来巨大的创新和变革，在数字化技术和数字化思维的加持下，重构传统企业的商业模式和运作模式，提升企业运营的效率，重塑企业运营结构。

数字化技术缩短了企业和用户之间的距离，去掉了"隔热墙"和中间商，企业可以直接面对市场，面对终端用户；数字化平台改变了传统的中心化模式，每一个节点都可以成为一个信息中心，都是一个网络节点，呈现分布式的特征；数字化技术打破了企业的边界，让企业转型成平台化或生态化的组织模式。数字化技术这些去中介化、去中心化、无边界、分布式以及与用户零距离的变化，对传统的管理模式和组织模式产生巨大的冲击。

2. 知识型员工代替劳动型员工，创新工作更多，创意要求高

数字化技术的快速普及以及对传统商业的重构，对从业者的知识结构和能力要求发生了重大变化。传统时代以劳动密集型的体力工作为主，数字化时代科技逐步代替传统的体力工人，传统的体力劳作岗位越来越少，创新型、技术型、创意型岗位越来越多，这对从业者的知识结构、知识的掌握程度和应用程度要求更

高，这种知识型的工作需要有更多的创新和创意，而创新和创意并不是靠日常的强管控就能产生效益的。

3. 市场主体发生变化，"Z 世代"数字化原居民的兴起

数字化时代，"90 后""00 后"等"Z 世代"作为互联网原住民，对互联网、数字化有天然的接受感和认同感，购物、交流、娱乐、社交、办公、出行等都离不开数字化的软件和工具，他们对数字化的生活方式已经习以为常且得心应手。"Z 世代"对数字化有天然的接受度，他们更加注重个性化需求，学习能力更强，对事物更有主见，更加自信，更加崇尚自由、创意和自我价值的实现。对于这样的数字化原住民，不管是作为员工还是用户，用强管控下命令的方式很难获得他们的认同。

4. 消费升级，需求个性化、多样性，竞争更加激烈，市场充满不确定性

数字化时代，随着经济和技术的快速发展，消费者的消费能力提升了，用户对产品和服务的个性化需求越来越多样化，马斯洛需求层次理论在数字化时代也部分失效，由工业时代以"生理需求"和"安全需求"为主要需求转变为数字化时代以"社交需求""尊重需求"和"自我实现"为主要需求，消费者更在意精神层面的满足感。需求层次的变化，引起用户行为和需求的变化，带来市场和竞争的各种不确定性。市场瞬息万变，"黑天鹅"和"灰犀牛"事件层出不穷，跨界竞争、降维打击成为市场竞争的常态。在这种状态下，还沿用牛顿经典力学下的管理范式将无法应对数字化时代的竞争。

二、数字化时代管理思维的变化

数字化时代的新特征让传统管理理论失效了。分工理论、科学管理理论、科层制理论、一般管理理论在数字化时代不能很好地支持企业快速应对迅速变化的市场环境，应对各种充满不确定性和模糊性的市场竞争。企业及管理者需要新的管理范式来应对这种 VUCA 带来的挑战。

牛顿经典管理范式向量子管理范式跃迁

在牛顿力学思维范式下，社会的运行是稳定的、有规律的，未来是可规划、可预测的，企业管理者是以确定性和可预测性的思维认知来制定企业的发展战略和经营规划，通过计划、组织、领导、控制的强管控方式来推进战略的落地和执行。

数字化时代，市场瞬息万变、技术日新月异、员工独立有个性、用户需求多样、竞争对手跨界来袭，这一切都让牛顿力学思维范式下的管理者非常不适应，无法像之前那样笃定地做出决策，战略变得短期化和敏捷化，要随时根据市场变化进行调整，市场和竞争对手也变得模糊，传统的管理方式越来越不适用于新世代员工。

世易时移，变法宜矣。数字化时代需要用新的管理范式来应对 VUCA 状况，用更加灵活多变的量子力学的视角来看待世界，用量子力学思维来认知世界。量子力学视角下，宇宙是一个能量场，整个宇宙由各种能量体构成，简称为量子。量子视角认为宇宙的运行规律充满了各种不确定性，无法被完全掌控，这些认知非常契合当前数字化时代的特征，因此管理学界尝试用量子力学衍生出来的量子力学思维来认知这个充满 VUCA 属性的数字化时代。

下面介绍几个量子力学的核心特征,帮助企业管理者建立认知世界和管理企业的新的底层认知逻辑。

1. 整体性

量子力学思维认为,一切物体都是一个整体,整体虽然由局部组成,但整体价值大于各部分价值之和。这跟牛顿力学的还原论形成鲜明差异。量子力学思维认为钟表虽然由各部分零部件组成,汽车也由 2 万多个零部件组成,人的确是由各种器官组成,公司也的确是由各个部门组成,但这些零部件、器官和部门简单堆砌在一起,不能精准地记录时间,不能跑出高速度,不能独立行走和思考,也不能产生巨大的利润。这些部分只有按照一定的规则形成整体合力,才会实现质变,才会成为计时准确的钟表、快速奔跑的汽车、有自主思维的人,以及能创造社会效益和经济价值的企业。整体明显大于部分之和,因为部分相加仅是从"量变"的层面进行了对比,并没有从"质变"上进行分析和考虑。

因此,量子力学思维下,一切事物都具备整体性,要从整体上看待和思考主体和客体的统一,用户和产品的统一,市场和企业的统一,即从整体上考虑体系内的组成因素,同时也要考虑体系外的各种影响因素。数字化时代的平台化和生态化就是整体性思维的应用,没有整体性的思维认知,是很难打开企业边界的。

2. 不确定性或测不准原理

量子力学对粒子的监测实验发现,观测者不能同时精确确定一个基本粒子的位置和动量,每次只能二选一,这就是我们常说的不确定或测不准原理。因为不确定或测不准现象的存在,所以只能通过概率来描述,即量子的概率性。在量子力学思维模式下以概率论来替代牛顿力学思维下的初始条件决定论。数字化时代市场的变化、用户需求的多样,让企业的产品研发和市场营销过程充满了不确定性,企业对市场的表现和竞争也预测不准。数字化技术释放了每一个人的潜能,每一个员工和用户都是一个能量体,被称为量子,员工的能力也充满了不确定性,不像传统时代员工的能力呈线性,互联网让员工可能具备巨大的能量。因此企业在看待市场、员工、未来时,很大程度上需要通过概率来做决策,而不是基于初始条件。

大数据就是概率性的典型应用,大数据通过对尽可能多的样本数据或全量样本数据的分析,得出事情发生的概率,通过概率的大小来决定后续的行为和动作。这种思维方式和行为方式,有别于传统的思维方式和行为方式。传统的管理决策依据因果论和初始条件决定论,而量子力学思维的决策依据概率论和关系论,这在底层的思维逻辑中发生了根本性的变化。

3. 波粒二象性

波粒二象性是指所描述的粒子或量子,在某种状态下是以波的状态呈现,在其他状态下又以粒子的状态呈现,不同监测下显示不同状态。波粒二象性说明环境和意识对事物的影响。

数字化时代互联网是有记忆的。线上用户的一切行为都可以被记录下来,并且以数据的形式存储起来。对某个人、某个产品、某个用户进行当前状态的了解,可以被看作粒子状态,而对过往数据的调研和了解，可以被看作波的状态。采用粒子和波两种状态的调研，可以让调研方了解得更翔实、更全面。员工也存在波粒二象性，从当前节点看是粒子状态，从前后长期来看是波状态；从单体来看，是粒子状态，而连接到网络上，成为一个网络节点，就又体现了波状态。数字化时代企业管理者要从波、粒两个角度对事物进行思考和判断，要用发展的思维和眼光来做决策评估，这样决策才会更加准确。

4. 叠加态或多样性

量子的叠加态思维体现在被研究实体所叠加的各类状态、关系、信息。薛定谔那只著名的"既死又活"的猫就体现了生命的"态叠加"。这只猫在未打开盒子未被看到的时候，是态叠加的状态，可能死也可能活。但盒子被打开的瞬间，猫的状态就被确定了，要么死，要么活。这只猫引发了"态叠加"[①]的讨论和思考。其实每个人都是多态叠加的，只不过传统时代对态叠加的理解和应用不像数字化时代这么深入。比如，身份的叠加，作为一个被称为"儿子"的人，他既是自己，又是他爸爸的儿子，还是他爷爷的孙子，同时也是他妻子的丈夫、他孩子的父亲，一个人有多个家庭身份，同时相对于社会职务来说，他是别人的朋友、上级的下属、下属的上级、平级的同事，还可能是互联网上的"大 V"，拥有上百万粉丝的 KOL，这就是身份的态叠加。

量子力学思维下要认知事物的态叠加状态，需要充分理解世界的复杂性与多重性。量子的态叠加理论告诉我们：一个物质可

---

① 态叠加原理又称叠加态原理，是量子力学中的一个基本原理。"态叠加"和"叠加态"根据情况使用，以让表达更顺畅。

能同时存在 A 状态和 B 状态。有了这样的认知就很容易理解我们所处的环境：不确定与确定并存，传统与现代交融，创新与固化并行，管控与激发共存。企业管理者要能理解并接受态叠加，基于态叠加进行思考和决策，要能理解员工在不同状态下的能量差异，理解用户在不同环境下的不同选择，理解市场的多态竞争，基于这样的理解和认知，从而做出更符合需要的最佳决策。

5. 量子跃迁

量子跃迁是指量子吸收或释放能量之后，会瞬间实现能级的跳跃，即当外界给予量子一个能量单位，量子会瞬间发生能级跳跃，跃升到更高的能级。现实管理当中我们发现，当给员工适当的授权、赋能或激励之后，员工会爆发出巨大的能量，这其实就是量子跃迁特性的展现。

数字化时代处处体现了量子跃迁效应。互联网公司的用户数和业绩的指数级增长，就是典型的量子跃迁。通过获取大量用户、通过社会化的粉丝裂变，企业的业绩可以实现指数级的跳跃式增长。

数字化平台的发展、去中心化媒体的加持和自媒体的放大效应，让每一个普通的个体都充满了能量，企业管理者应该学会给予员工能量，让员工爆发出潜能。

从另一个角度来讲，量子跃迁是有概率的，并不是每一个量子都能实现跃迁，也就是说并不是每一个员工都能实现蜕变。所以作为企业管理者要学会对员工进行引导、筛选和赋能。

6. 量子纠缠

所谓量子纠缠，就是曾经关联的两个粒子，分开后，哪怕处于宇宙光年级的距离，一个粒子发生变化，另一个粒子也随之发生改变。这就是量子纠缠现象。

数字化技术的发展缩短了企业与市场和用户的距离，企业不再孤立，能及时聆听来自市场和用户的声音，根据市场反馈快速调整运营策略，这就和量子纠缠的特性一样，"企业"这个粒子与"市场和用户"这个粒子一旦接触，就形成纠缠效应。

数字化技术的发展对行业产生了巨大的冲击，改变了企业运行的底层逻辑，也对企业管理者的认知产生巨大的冲击，原来在经典牛顿力学基础上衍生出来的管理范式在数字化时代失效了，需要用量子力学基础上衍生出来的量子管理思维和量子管理范式来应对充满不确定性的数字化时代的变革和挑战。

量子管理变革

牛顿经典管理范式与量子管理范式是两种截然不同的管理范式。牛顿经典管理范式下把人当工具，当成企业大机器上可有可无且随时可以被替换掉的零部件。而量子管理范式下，把人看成目的，而非工具，更在意人的潜能和价值的发挥。这种对"人"的价值定位和认知的差异，必然会在管理思维和管理行为上产生差异。

海尔集团创始人张瑞敏先生认为，21世纪是量子管理的时代，之前的管理都叫量化管理。张瑞敏认为，进入21世纪，曾经主导和推动企业快速发展的牛顿经典管理已经不适用了，需要用新的量子管理来管理企业。所以海尔开启了长达十多年的数字化转型之旅，就是要用量子管理范式替代牛顿经典管理范式，从管理者的思维认知、管理模式、企业的组织结构、员工的考核方式等方面进行全方位的管理变革，彻底释放和激活人的价值。

华东师范大学校长钱旭红院士团队对量子力学思维和量子管理的研究结果显示，量子力学思维与管理者的职级有正向关系，管理者职级越高，其具有的量子力学思维方式特征越强；量子力学思维与管理者的多种自我评价以及员工创造力之间也存在正向关系，量子力学思维越强，管理者的总体自我评价越高，员工创造力越强。这种管理方式和效应正是数字化时代所需要的。

到底什么是量子管理？量子管理有哪些特征呢？

量子管理作为数字化时代新的管理思维和管理范式，体现着与传统管理范式不一样的特征和行为方式。数字化时代充满了各种不确定性，数字化时代的管理者要具备管理不确定性的能力，在各种不确定性中把握相对确定性。这是数字化时代的管理与传统管理非常重要的一个区别。量子管理就是管理者掌握管理不确定性的方法。

量子管理有如下几个特点，理解量子管理的特点，能让管理者在管理方式上产生很大的改变，能更好地适应数字化时代的需要。

1. 整体性

量子力学思维要求企业管理者打破分工思维，以更高、更宏观的视角，从整体角度看待企业和市场，用整体性思维来看待企业、产品、用户、市场、竞争之间的关系，不能把这些从分工和局部的角度孤立地分开看待，要让企业、产品、用户、员工"纠缠"起来，打开企业的边界。

2. 动态性

数字化时代，市场和需求变化非常快，企业把握市场机会的窗口期变得越来越短，企业的战略和决策也要根据市场变化及时做出调整和改变，之前常规的三年或五年的中长期战略规划在数字化时代失效了，企业需要通过动态和敏捷的方式，快速制定决策，快速验证，根据市场反馈，敏捷调整，在动态中找到平衡。

3. 参与性

数字化时代，用户需求更加个性化，"Z 世代"员工更有知识、更有主见，企业与用户的距离越来越近，企业管理者应该把用户和员工的智慧纳入企业运营流程中，聆听来自市场和用户的声音，让员工和用户参与到运营决策中，贴近市场，群策群力，这样才能更快捷、更有效地把握市场机会。

4. 潜在性

数字化技术释放了每个人的潜能。传统时代员工只能依托公司发挥价值，价值的大小也受制于企业所能提供的资源；数字化技术可以让每个人脱离公司在互联网上独立存在，并借助数字化平台，让每个人在网上都有话语权，充分释放每个人的潜能。数字化技术帮助每一个个体实现能量的跃迁，每个人都成为一个巨大的能量体。管理者要认识到个体的潜能，敬畏每一个个体、每一个平台。

5. 利他性

数字化时代重新定义了成功。传统意义上的管理者成功，是管理者具备超强的能力，做出很大的成绩和贡献。而数字化时代，成功不在于管理者做出多大贡献，而是赋能他人，帮助他人成功。量子管理者要成为一个资源提供者，通过内部企业资源和外部平台资源对外赋能，帮助员工、客户、合作伙伴成功。量子管理者要具备利他性。

6. 自涌现

数字化时代的员工都是知识型员工，员工的能力、主动性、态度等与劳动密集型员工有很大的差异，他们对事情有自己的见解，更愿意主动去创新和创造，主动承担责任，实现自身价值。这样的员工在量子管理中被称为"量子自我"，他们有自我意识、能自我决策、能主动承担责任和解决问题达成目标，在日常工作中表现为"自涌现"，不需要等待命令和安排，能自主自发。

量子管理与牛顿经典管理有比较大的差异——底层认知逻辑的差异。传统企业的管理者要能深刻理解并在企业管理变革中利用以上特点，有效推进企业管理变革。下面通过对牛顿经典管理和量子管理的对比分析，让管理者了解两种管理范式的差异。

三、牛顿经典管理和量子管理的对比分析

量子管理是由牛津大学的丹娜·左哈尔提出的，她认为当前大家主流学习的管理知识都是基于牛顿经典力学建立的管理体系，这些管理方法在数字化时代已经无法有效发挥作用，企业管理者应该改变思维、变革管理，采用量子力学思维和量子管理来推动企业数字化转型和管理变革。丹娜·左哈尔教授对牛顿经典管理和量子管理做了对比分析，如表 4-1 所示，希望能为传统企业的管理者带来一些思考和启发。

表4-1　牛顿经典管理与量子管理的对比分析

牛顿经典管理	量子管理
确定性	不确定性
可预测性	不可预测性，急速变化
层级制	非层级制
基于功能模块的个体劳动分工	多功能的整体（集成）
权力集中于上层或核心层	权力分散化
员工是被动的生产单元	员工是创造性的合伙人
只有一个最佳方案的单一视角	从A到B之间有多种路径的多元视角
竞争	合作
不灵活，注重管控	灵活响应，放权
重效益	注重关系管理和价值驱动
自上而下（被动）	自下而上（实验）

由表4-1可以看出，量子管理和牛顿经典管理存在相当大的差异，具体体现在以下几点。

1. 管理思维底层逻辑的差异

牛顿经典管理思维，是基于经典物理基础上的管理思维，经典物理认为事物是规则化运行的，一切都是可控、可规划、可预测的，是线性的、连续的，以确定性为主，都是秩序化的；

数字化时代的量子力学思维，是基于量子力学基础之上的管理思维，量子力学认为事物是不规律的，是不可控的、不可预测的、无序的、不可规划的，是非线性的、不连续的，以不确定性为主；

2. 管理目的的差异

牛顿经典管理方式下实施的管理动作，管理的是确定性，是机械论思维下的管理方式，是基于分工理论的管理，管控的是效率。

数字化时代量子管理方式下实施的管理动作，管理的是不确定性，是量子力学思维下的管理方式，管理的是创新、希望和探索。

3. 对企业的认定存在差异

牛顿经典管理思维下，企业和环境是割裂的，企业是孤立的、单体的，呈管道式。

量子管理思维下，企业和环境是融合的、一体的，企业与环境和生态紧密联系，企业是平台化的、生态化的。

4. 管理行为的差异

牛顿经典管理行为是管控为主，强调规则和秩序，是指派式、命令式。

量子管理行为是激发为主，强调创新和无序，是授权式、赋能式。

四、数字化时代管理模式设计原则

明白了传统时代和数字化时代底层逻辑的差异，就会感知到数字化时代的管理模式和管理原则与传统时代有很大的差异。牛顿经典管理模式以企业为中心，管理者来驱动，突出管控和执行，这样的管理模式强调确定性和效率，很难适应数字化时代的市场需求。数字化时代的管理者要设计出适应数字化时代的管理模式，就要站在未来看现在和未来，以未来的眼光和思维来思考发展趋势和变革方向，从而对管理方式和行为进行变革，以适应企业发展的需要。

数字化时代的管理模式设计需要遵循以下几个原则。

重视用户参与的价值

量子力学思维的整体性要求管理者把企业和用户当成一个整体来看待。企业的产品研发和营销，要以满足用户需求和提高用户体验为基点，要在功能和体验方面给予用户超预期的感受。传统企业的研发、生产、营销以企业为中心，用户无法参与。而数字化时代，企业和用户不再是孤立的，企业可以获取用户的意见和建议，将用户纳入企业的整体运营中，用户的意见和需求可以引导企业快速成长，用户和企业之间建立强关联，达到量子力学的"量子纠缠"效果。企业管理者在设计管理模式时要重视用户的价值，让用户参与到企业运营管理中，注重企业与用户的连接和互动，更重视用户的意见和需求，缩短企业与用户的距离。

管理以激活组织和个体为目的

数字化时代组织要消除科层制的弊端，打破组织层级，打破官僚主义和"部门墙"，让组织更加扁平化，提高信息在组织内的流转效率，缩短组织的决策流程，让组织更加灵活、更加敏捷，能根据市场和用户的变化及时调整管理策略，把握市场机会。通过组织和管理的变革，释放人性，给予员工信任和自由，从而激活每一个能量个体，让每一个员工都成为组织和互联网上的一个节点，发挥出每个人的能动性，去连接市场，连接用户，将个人的能量最大化地发挥出来，激发每一个"能量球"的潜在能量和价值。数字化时代的管理以激活组织和个体为目的，变管控为激发，组织更加灵活和敏捷，员工自驱，充分释放个体能量，降低管理难度，提升管理效果。

充分尊重个体的价值与能量

数字化时代个体的价值和能量可以充分发挥，不再依托组织，而是依托个人 IP 和个人形象，甚至个体的能量会大于组织的能量。比如，意见领袖能获取几百万甚至上千万的关注粉丝，这样的关注数量远远大于某些电视台、报纸、杂志等覆盖的人群数量。意见领袖的一条信息、一篇文章，动辄几十万上百万的阅读量，这是传统媒体所达不到的影响力。数字化技术和数字化平台拉平了层级，每个人都能更加平等的获取信息，了解用户的需求和痛点，也可以借助数字化平台充分表达自己的观点，贡献自己的价值和能量。数字化技术和平台赋予每一个人影响世界的机会。因此，作为企业管理者，要认可个体的价值，鼓励员工勇敢表达自己的看法和见解，鼓励员工参与到企业运营管理中，贡献他们的聪明才智，通过群策群力，共创共赢，发挥出群体智慧的力量。

管理过程中激发和赋能要大于管控

数字化时代的员工知识更加丰富、更加有主见，从事的工作也多为创意型的，如软件开发、营销策划、品牌建设、产品研发等智力型工作，这类创意型工作需要的是灵感和创新，而灵感和创新是很难被管控和规划的，需要以创业者的心态不断思考、研究、探索，这样才能有创新。因此数字化时代对员工的管理，要激发多于管控、赋能多于命令，要激发个体自由创新的思维和意愿，充分释放个体潜在的巨大能量。同时，激发和赋能的各种机制要大于管控的各种制度和规定。总之，组织管理机制的核心是激活人的能力和意愿，激活组织和个体就是组织价值所在。

管理者要转变意识，由命令型管理者变为服务型领导者

管理者在组织内都有一定的职务和身份，由此建立了管理者的职务权威，管理者通过职务权威发号施令，安排下属的日常工作，成为命令型管理者。数字化时代则需要管理者改变思维意识与方式，由高高在上发号指令的管理者，变成帮助员工成功的服务型领导者，为员工的工作提供服务和资源支持，协调和解决员工遇到的问题，激发员工的主动性和能动性，动作由命令变服务，身份由管理者变为领导者。

打造目标引领，员工自我驱动的管理机制

管理由命令变为激发，员工治理由他驱变自驱。通过给员工设定引领目标，在管理过程中对员工进行授权和赋能，激发员工自我驱动的内在动力，让员工时刻咬合目标，紧盯用户需求，把握市场变化，根据变化随时调整工作内容，构建以目标为引领的员工自我管理、自我驱动的管理机制。数字化时代管理者要放弃威权管理，通过激发和赋能，改变员工意识，让员工由传统管理中被安排、当螺丝钉使用的工具人转变成有自主意识、能自我驱动的自主人。

组建适应未来竞争需要的数字化人才队伍

数字化的发展给团队和组织带来很大的变化，传统企业要想制胜数字化未来，就需要打造能制胜未来的团队，组建有数字化能力的人才队伍。数字化人才需要具备数字化思维、数字化知识、数字化能力，能用数字化的方式来思考和决策，团队能力能满足企业数字化转型的需要，能有效支持企业数字化转型战略的落地，能坚定承接企业对未来业务拓展和布局的规划实施。

打造自下而上群策群力的文化氛围

数字化时代管理者不能用"一言堂"的模式来管理员工，要从底层进行企业文化的革新，营造开放、透明、让员工参与的氛围，通过自下而上群策群力，让数据说话，改变管理模式，改变传统的科层制下强管控的管理方式，充分激发组织和员工的活力，并将这种氛围转化成持久的文化力。

上面列出的八条数字化时代管理模式的设计原则，其底层逻辑是重视每一个人的价值，实现个体价值的最大化。数字化时代的管理需要重视人性，改变传统的强管控命令模式，通过人本管理，激发员工的内在动力，充分释放和展示员工的价值，降低管理难度。下面我们通过胖东来的人本管理模式，来看胖东来是如何激发员工的内在动力，实现员工和组织价值最大化的。

五、案例：胖东来的人本管理模式

胖东来在零售业中享有崇高的声誉，获得很多商界大佬的盛赞，胖东来的管理与传统企业有哪些不一样的地方？

树立真正"以人为本"的管理理念

胖东来的管理是真正在践行"以人为本"的管理理念，胖东来的管理机制和政策都是站在员工和消费者的角度，以员工和消费者的体验和感受为首要考虑因素。胖东来在内部倡导"爱"的文化，爱员工、爱用户、爱企业、爱社会。通过对员工的"爱"，激发员工的内在动力，通过对消费者的"爱"，建立在消费者心中的口碑。

胖东来从经营理念到管理机制都充分体现了公司对员工、对消费者的尊重和关怀，营造出一种自下而上自主经营、员工自我管理、消费者参与监督，共同提升商场管理水平和服务质量的工作氛围，培养了群策群力、共创共享、开放、公平、自我成长的团队精神，让员工时时感到自己被信任、认可、尊重、爱护，让员工在企业中实现自我价值，增强了凝聚力和归属感，充分发挥员工的积极性和创造性，给消费者带来极致的消费体验和服务感受。

尊重员工，让员工充分感受到爱和尊重

胖东来的很多管理政策对员工来说是非常人性化的，处处体现着对员工的关爱、尊重，比如以下几点。

（1）每年 145 天超长带薪年假，从保洁到管理层，无一例外，强制要求员工休完，并且带家人出去旅游，体验亲情。

（2）比当地工资水平高一大截的薪资待遇，给予员工高水平的生活保障。

（3）每周二所有门店闭店休息，让员工、商场设施等都能得

到较好的休息和保养。

（4）强制要求员工6点下班必须离开企业，不许加班，抓住一次罚款5000元；下班之后，必须关闭手机，接通一次，罚款200元。

（5）上班期间，在没有消费者的时候，员工可以坐着、听音乐、玩手机。

（6）每周工作5天，每天工作时间不超过6小时。

（7）给员工在寸土寸金的时代广场建设了设施环境良好的图书室、健身房、电影院、KTV、茶水间等，员工下班之后可以去看书、健身、休闲。

胖东来对员工的关爱，不仅体现在工作方面，还体现在生活方面。管理者每周都要跟员工谈心，了解员工的生活状态、心情，生活中有没有需要公司和领导来帮忙排忧解难的。

胖东来真正做到关心每一位员工的工作情况、心理健康和生活状况，让员工从各方面感受到来自公司的尊重、关心和关爱。

关爱消费者，提供极致的消费体验

真品换真心，真诚换忠诚。胖东来通过给消费者提供最好、最全的商品，通过真品换来消费者的真心认可，通过真诚的服务换来消费者的忠诚对待，从而让胖东来在市场竞争中打败了众多世界级的零售公司。

从商品到情感，无不体现出胖东来对消费者的关爱和真诚、真心和真意的人本理念，比如以下几点。

（1）提供上门退换货服务。

（2）买了不满意的产品可以随时退还。

（3）胖东来珠宝提醒消费者，"理性消费更幸福"，根据自己的经济情况，理性决策，不要承担不必要的经济负担，更不要借钱购买高消费物品，把钱用在结婚、生活实用的地方。

（4）电影从开场到结束 20 分钟之内，如果感觉电影不好看，可以随时去退票，胖东来会返消费者 50% 的票价。

（5）提供 7 种购物车，有适合孩子坐的，也有方便老人休息的。

（6）提供免费医疗急救箱，有紧急情况时可以让顾客得到及时的治疗。

（7）提供免费充电器，用户可以免费为手机充电。

（8）提供免费直饮水，就餐区提供洗手台，方便消费者就餐前洗手。

（9）提供免费婴儿床、哺乳区等。

（10）为老人提供放大镜，方便老人查看价签。

（11）冷冻区提供橡胶手套，防止冻着。

（12）各种免费政策，如清理维修客户首饰，免费改衣服、修裤腿，免费干洗衣服等。

胖东来的产品线非常长，品类全面，上至几十万元的单反镜头，下至几毛钱的产品，在胖东来都能找到。如果消费者要买的产品胖东来没有，可以留下信息和要求，胖东来会到全国各地去帮消费者采购。

以上这些完全是胖东来站在消费者的角度进行思考和决策后为消费者提供的人性化服务，让消费者充分感受到了尊重和被爱。胖东来的真诚、真品，让消费者感受到了真意，从而让消费者跟胖东来建立了深厚的情感链接，建立了稳定而长期的关系。

群策群力，共创共享

胖东来在管理方面充分挖掘员工和消费者的能量，汇聚员工和消费者的智慧，让他们帮助胖东来完善和提升管理水平。

胖东来有 13 个部门、326 个岗位，每一个岗位的规章制度都多而全面，有工作标准、管理标准、经营标准、商品标准、环境标准、行为标准六大标准手册，还有产品手册、保洁手册、宣教部实操手册等其他业务手册，每一种手册都有几百页的内容，规则和要求细致无比。比如，保洁员手册有 274 页的内容，保洁过程中的要求非常细致，这些内容不是管理者制定和要求的，而是历届保洁员根据工作中的情况不断整理、沉淀、完善，最终形成所有保洁员共同执行的要求和标准。

胖东来每一个岗位都有操作手册，这些操作手册的标准和要求都是由一线员工自主完善和制订的。

开放透明，群众监督

胖东来的运营一直是开放和透明的，欢迎群众进行监督，通过开放透明和群众监督的方式提升公司的管理水平和服务质量。

在开放透明方面，胖东来把产品的进价、售价、利润空间等信息都标注在价签上，消费者购买时会清楚价格信息，明确知道胖东来的获利情况，从而增加了消费者对胖东来的信任。

胖东来在接到消费者投诉时，不藏着掖着，不搞舆情公关，而是开诚布公，通过客诉展板的形式，把客户的投诉和管理中的问题展示出来，坦诚地向消费者道歉并改正，接受消费者的监督，让企业的运营如玻璃般透明，敦促公司提升管理水平。

为了让顾客更好地监督员工的服务和商品的质量，客户投诉后，可以到总服务台领取 500 元的投诉奖。通过奖励消费者投诉的方式，充分调动消费者监督的积极性，倒逼员工提升服务质量。

关爱消费者，让消费者监督企业的运营和管理，对企业管理形成监督效应，通过开放、透明的机制，倒逼企业提升服务质量。

公平的成长机会

胖东来认可每一个人的价值和贡献，给予每个员工公平的成长机会。公司设立管理型、专业型、技术型三种晋升渠道，每个员工都可以进行跨部门转岗。进入胖东来的员工，不看出身背景，也不唯学历论，无论是保安、服务员还是管理者，只要努力上进，愿意成长，公司就给予机会。比如，有的保安转型珠宝专柜售后服务人员，被公司送到武汉大学地质系珠宝专业学习，后来成长为国家级的珠宝鉴定专家。还有的保安转型为内刊《胖东来人》的负责人。在胖东来，不以出身论英雄，只看员工态度、意愿和能力，公司给予每个员工公平的成长机会，激发了每一个胖东来人的工作激情和内在动力。

充分合理的授权

胖东来在内部进行合理的授权，让员工自主经营、自主管理，给予员工充分的决策自由和空间。

自主经营制度下，总店定政策，分店定经营决策，总店不过问和干涉具体的运营，这样的授权机制大大激发了员工的自主精神，让员工能够自主经营和管理。

授予员工一定的工作权。比如,给顾客抹零的权力,103元的茶叶可以收100元,抹掉3元的零头;给顾客换产品的权力,哪怕是开封用过的洗发水、还没有吃完的西瓜等,都可以免费换。

胖东来给予了员工和管理人员足够的授权,员工有权根据实际服务过程中发生的突发事件,针对消费者的诉求,采取合理恰当的措施,保证消费者良好的购物体验。胖东来通过合理授权员工,培养了员工的主人翁意识,建立了良好的服务形象。

激励机制

胖东来通过精神激励、待遇激励、福利激励、成长激励等产生了良好的激励效果。

1. 精神激励

胖东来对员工的激励,不仅有物质和经济方面的,更有精神层面的。胖东来让员工感受到工作的意义,通过工作体现员工的价值,让员工有精神满足感。胖东来通过"爱"的文化的传递,让每个员工都感受到自己对公司的价值和意义,通过激发员工的内在驱动,实现员工的成长和价值。

2. 待遇激励

胖东来为员工提供了极具竞争力的薪酬和福利待遇。胖东来有多种奖励机制,如年终奖、优秀员工奖、晋升机会等,让员工感受到公司对辛勤工作的认可和回报。胖东来的薪酬待遇远高于当地的平均工资水平。一名保洁员,被评为三星员工后,竟然能拿到10万元的年终奖。胖东来普通员工的工资是当地企业的2

倍左右，胖东来店长的年薪能到达 100 万元，总监的工资有 50 万 ~ 80 万元，百货处、生鲜处等处长的工资有 30 万 ~ 50 万元，课长（管理 5 ~ 20 人）的工资为 10 万 ~ 30 万元。在许昌、新乡这样的四线城市，胖东来的员工享受的是一线城市的薪酬待遇。胖东来在给出较高基线工资的基础上，又拿出 50% 的净利润分给员工，拿出 45% 的净利润分给管理层，于东来只留下 5%，胖东来采用分红的方式将财富分配给创造财富的员工，员工共享收益。

3. 福利激励

胖东来给员工提供各种超长带薪年假、人性化的管理政策、弹性工作时间、灵活的休假政策等，让员工在工作的同时还能兼顾家庭和亲情，感受到公司对员工的尊重和关爱，通过这些人性化的福利激励，激励全员努力工作。

4. 成长激励

胖东来提出匠人精神，鼓励员工成为行业专家。公司定期组织员工参与各种培训和研修，学习国内外优秀行业标杆，每年花巨资进行国际现代商业经营理念的学习和培训。同时，公司通过三种成长通道，给予员工成长的机会，让员工成长，变得优秀，优秀到可以离开公司去别的地方同样具备极强的竞争力。

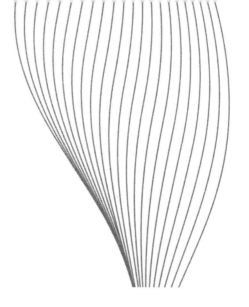

第五章

管理创新: 由管控到激发的管理跃迁

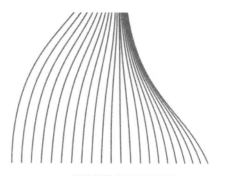

21世纪是量子管理的世纪。

张瑞敏

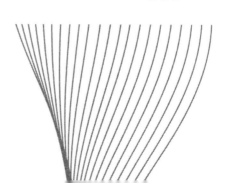

试想一下，如果以下情况发生在你所在公司和工作中，你是否愿意更努力地工作、陪公司走得更长远？

- 你有权规划和安排自己的工作内容和计划；

- 你和你的团队可以自己设定工作目标和达成策略，并根据市场情况及时调整；

- 你可以自己决定是否参加培训，参加哪些培训，提升自己哪方面的技能——公司提供资源，并且鼓励员工协调时间自主参加；

- 工作中同事之间更加平等、开放，更像朋友，而非上下级；

- 没有纷繁复杂的流程和规则制度妨碍工作效率；

- 你可以参与项目和运营的决策，发挥你的聪明才智；

- 在同事眼中，你是朋友、是老师，值得信任；

- 你有机会参与公司的运营战略和发展规划的讨论和商定；

- 影响力和薪酬由能力决定，而不是岗位职级和资历。

这些情形，在传统的管理范式下，你可能觉得是不可思议的，但在数字化管理范式下，这些情形正在企业中发生。

不同的时代造就了不同的管理范式，不同的管理范式产生了不同的管理行为和管理认知。传统管理把人当成工具，强调对员工的强管控，着重于企业内部的行为管控、效率提升，因此在管理中以命令和指令为主，员工听令而行，很难有自己决策和规划的权力和空间。而数字化时代的管理，着重于企业外部的机会管理、概率管理和创新管理，更加重视对员工能力的释放和自我价值的实现，因此在管理中以员工规划、安排为主，管理者大多以指导者和资源提供者的身份出现，管理的着眼点也由关注企业内部转为关注企业外部市场和用户，管理方式和管理动作由传统的管控式向激发式转变。管理者要认识到数字化时代管理的要义在于最大限度地激发员工的活力，激发组织创新的动力，提升员工的价值实现感，充分释放员工的聪明才智，增强企业管理不确定性的能力，以适应数字化时代的竞争需要。

一、数字化时代管理行为变化

传统经典管理的四项基本职能是计划、组织、领导、控制，具体而言就是制订工作计划，协调和组建团队，通过管人理事对日常运营进行管理管控，保证事情的顺利达成和企业的正常运营，这四项基本职能是传统管理模式下的核心管理方法，其中以管理确定性、提升执行效率为主。而数字化转型时期，企业中以破旧立新、创造性工作为主，这样的工作要求快速反应、不断尝试、动态优化，在不断探索中找到方向，工作中充满了变数和挑战，因此管理上以管理不确定性、进行创新为主。

表5-1即为经典管理下的流程型工作和数字化管理（量子管理）下的创新型工作的对比分析。

表5-1　流程性工作和创新性工作的对比分析

类别	流程性工作（经典管理）	创新性工作（量子管理）
工作	重复性，变化小	创新，快速迭代
产出	事先知道 有形的实物或明确的服务 流程可以标准化	事先不知道 无形的知识或智力创新 过程需要不断尝试
特性	确定性	不确定性
要求	效率	创新
管理范式	经典管理	量子管理

续表

类别	流程性工作（经典管理）	创新性工作（量子管理）
管理方式	管控	激发
运作模式	自上而下	自下而上
主动性	他驱	自驱

由表 5-1 中可以看出，经典管理下的流程性工作与数字化时代量子管理下的创新性工作在性质和要求上有非常大的差异，本章重点讲解由管控到激发即管理方式的变化。

数字化时代的发展要求企业管理者将传统的管控模式跃迁到激发模式，通过激发员工和组织的活力，降低企业的管理成本，提高管理效率。

图 5-1 即为"管控"和"激发"两种管理方式的职能对比和说明。

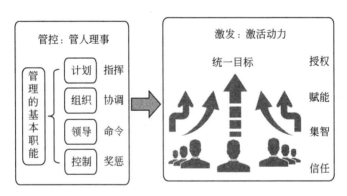

图5-1　数字化转型要求管理由"管控"到"激发"

管控模式下的 4 项基本职能分别对应的是指挥、协调、命令、奖惩等，这是典型的科层制自上而下的管控模式，通过管理者的指令来进行管理和控制。

激发模式是通过授权、赋能、集智、信任等管理理念，激发员工的内在动力，调动员工的责任心和主动性，通过目标引领、员工自驱的方式来达成管理目的。

下面对激发理念和激发的 4 项基本职能进行详细说明。

"管控"到"激发"的管理逻辑转变

与传统时代的管理相比，数字化时代的管理发生了很大的变化。数字化技术的普及，新生代员工认知的提升，用户需求的个性化，使管理的底层逻辑发生了变化，企业管理者要改变管理方式和管理策略，不再是命令员工、指派员工，而是领导员工、赋能员工、激发员工。

激发员工就是通过管理机制和管理行为，激发员工内在的善意和潜能，让每一个员工都能成为自己的CEO（首席执行官），通过目标引领，自主自驱，达成目标。彼得·德鲁克在《管理的实践》中提到，只有当每个员工都成为管理者时，企业人才才能正常接替，员工绩效才能得到最大发挥。

数字化转型是由一群知识型员工来推动的，知识型员工更加具备自驱力。转型过程中会发生很多可预知或不可预知的状况，给予知识型员工更多信任、自由和授权，让他们根据情况自主决策，管理者为员工提供资源支持、能力辅导等，激发员工的潜能，使他们迸发更多的智慧，从而提高组织运作效率，让员工从价值创造工具转化为自我驱动的价值创造主体。

1. 激发员工的责任心和自驱力

数字化时代多变的市场，个性化的用户需求，让流程化、指派式的管理方式发挥不了价值了。数字化时代的管理，需要激发员工内在的责任心和自驱力，让每一个员工都自主自发自愿地去思考、去探索、去实验、去试错，把握每一个潜在的需求和机会，发挥出每一个员工的价值。

胖东来的人本管理激发了每一个员工的工作积极性，员工在日常工作中主动发现问题，提供建议和解决方案，自下而上形成各种管理标准，让胖东来的服务成为行业标杆。胖东来所倡导的"爱在胖东来"企业文化，激发了员工的责任心和自驱力，积极为消费者提供优质的服务，降低了管理难度和成本，提升了胖东来的口碑。

2. 激发员工的创业者心态

创业者和打工者是两种心态。打工者以做好本职工作、完成工作任务为准，遇到问题时通常会甩给管理者或老板，自己通常不主动承担起解决问题的责任，常常知难而退。因此对于抱着打工者心态的员工，管理者要付出更多的精力进行指导和帮助，在这种情况下，管理者通常是"救火队长"。而创业者以达成工作目标为准，遇到问题时会主动承担起解决问题的责任，积极想办法，整合各种资源，解决问题。主动状态和被动状态，对于员工能力和能量的发挥有极大的差异。

因此，管理者要通过管理动作、管理制度、激励政策，激发员工的创业者心态，以创业者的状态和能量，紧盯市场，自我驱动，主动承担责任，积极思考解决方案，带动团队，自由创新，尽情发挥潜能与创意，推动公司的成长。

海尔的创客机制就是通过小微创客的模式，激发员工的创业者心态，改变员工的打工者心态，以创客、创业者的身份来工作，让员工自主决策、主动担责、自主创新，发挥出每一个员工的最大价值。

激发是数字化时代管理的本质，替代了工业时代管控式的管理模式。

3. 自驱和自我激发才是根本

鸡蛋从外部打破是食材，从内部打破是生命。外部激发很重要，但自我激发更重要。数字化时代的员工大多为知识型员工，他们有追求、有主见、有见识，更加彰显个性，更在意尊重和自我价值实现感，因此企业的管理变革要让知识型员工从内部激发自己，不断突破和创新。自驱和自我激发才是最重要的。因此要找到有自驱精神、能自我激发的人来组建团队。

阿里巴巴上市后，有人说了一段话，励志却有些残酷："任何团队的核心骨干，都必须学会在没有鼓励、没有认可、没有帮助、没有理解、没有宽容、没有退路，只有压力的情况下，一起和团队获得胜利：成功，只有一个定义，就是对结果负责。如果你靠别人的鼓励才能发光，你最多算个灯泡。我们必须成为发动机，去影响其他人发光，你自然就是核心！"这同样说明自驱和自我激发的重要性。

数字化时代的管理就是要找到员工自驱和自我激发的动力源，让员工成为发动机，自驱发热，带动团队前进。

激发的四项基本职能

1. 授权

授权是将决策权下放，给到一线员工，让一线员工在权限范围内根据情况自主决策，从而减少了请示、汇报、解释说明等沟通环节，降低了沟通成本，提高了决策效率。授权会激发员工主动创新和变革，让企业产生自下而上的活力，这与管控是恰恰相反的。

管理者享有的权力一般分为决策权、用人权、分配权，也就是我们常说的事权、人权、财权。授权就是根据情况将这三大权力部分或全部给到一线员工，让一线员工自主决策。

如何进行合理的授权？

首先，明确权限范围。让每一个员工都知道自己所享有权力的边界，在授权范围内，自己有哪些权力、可以做怎样的决策。专业的人干专业的事，不做外行管理内行的事。

其次，指定权力授予责任人。权力授予与人员相匹配，根据能力的大小、职务的高低、经验的多寡获得不同的权限范围，各层级的人获得相应的权力，责任人在权限范围内行事，不要滥用职权、越权，避免产生不好的影响。

最后，划定责任和义务，清晰各自的边界和定位。享有权力必然承担相应的责任。不同的决策会有不同的影响，做决策的人需要承担决策带来的后果，从而保证权、责、利的统一。

授权是为了在合理的管理体系下，通过方向引领、目标设定、权力下放，激活员工的积极性，释放员工的潜能，提高效率，降低损耗和损失，从而实现高效的组织目的。平台部门只负责制定标准，建立机制，管理员工行为的底线和红线，员工在底线和红线之上可以自由发挥。

海底捞对一线服务人员的授权，体现了对员工极大的尊重和信任，让一线服务人员能根据客户的情况，采取合理的解决办法，从而用低成本带来高用户口碑。

海底捞一线服务人员有八项权力（如图5-2所示），这八项授权，让海底捞一线员工有了决策权。每一个员工都是店的合伙人，都能从店的收益中获取分红，员工把公司当成自己的事业，激发了员工的创业者心态和责任心，每个人都主动热情地工作，给客户带来好的体验，给消费者带来超预期的惊喜。

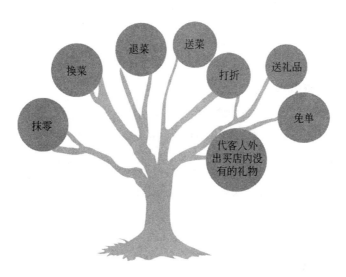

图5-2　海底捞一线服务人员的八项权利

数字化的管理是给用户创造更好的消费体验，满足用户不断产生的新需求，解决企业发展过程中遇到的新问题。在多变的、个性化的时代，管理者应该少通过规章制度进行控制管理，多立足原则、范式和共同责任，对员工进行授权，让负责的人能更自主、更贴近实际的做出决策。

2. 赋能

赋能就是通过各项制度、机制、政策、技术、流程将公司或平台所拥有的能力赋予员工，让每一个员工都能借助平台的资源和能力达成目标。管理者通过赋能的方式，增加员工原来所不具备的能力，从而提高员工做事情或做决策的成功率。

公司给员工赋能，一般可以从下面五个方面进行落地。

（1）技术赋能

数字化转型离不开数字化技术的使用和加持，5G、大数据、人工智能、物联网、区块链、云计算，甚至还在探索中的元宇宙、量子计算等未来技术，对传统企业的数字化转型有巨大的帮助，除了可以大大提升工作效率，还可以改变商业模式、业务流程、提升用户体验。比如，由管道式企业变成平台型企业，缩短企业与用户之间的距离，随时了解用户的真实需求，产品个性化定制，智能物流配送，大大提升用户的体验。数字化技术在消费端和生产端的应用，极大提升了企业在营销、生产、物流服务等方面的效率和体验，技术给企业和管理者的赋能效果非常明显，通过技术实现业务的在线化、智能化和高效化，提升企业管理效率。

（2）组织效率赋能

科层制的组织形式，在企业运营过程中带来内卷和损耗，大大降低了组织效率。而数字化技术带来的扁平化、网状化、生态化的组织形式，以及"大平台 + 小团队"的组织模式，大大提升了组织信息的传递效率和决策效率，有效降低了组织内卷和信息损耗。扁平化的组织流程，"大平台 + 小团队"的组织模式，实现了组织的高效沟通和运转，可以有效赋能前端业务团队。

（3）决策授权赋能

通过授权，决策权下放，赋能前端和一线人员，根据市场情况和客户需求，及时做出最佳的决策。决策授权赋能要求企业管理者提前预测业务场景，做好相应场景下权力边界的界定，让每一个员工都知道自己可行使权限的范围，在权限范围内自主决策，提高决策的及时性和准确性。通过决策授权，赋能员工，激活员工的主动性和责任心。

（4）考核机制赋能

数字化时代，管理机制和考核方式发生了很大的变化，KPI（关键绩效指标）导向的考核方式在数字化时代有些失效了，需要采用"OKR+KPI"相结合的方式。OKR（目标和关键结果）即设定工作目标和方向，明确关键产出，用于对日常工作进度和方向的把控；KPI 即具体承接业务指标，通过数据达成情况对业务实际状况进行监督和管理。OKR 考核方式，是下级针对上级管理者制定的管理目标和战略方向，自主提报工作内容，自主设定工作目标和达成路径。自主提报的方式更容易激化员工的自主性，激发员工的责任感；KPI 可以用于设定 OKR 目标和关键产出两个维度的具体数据，通过数据驱动业务推进，也通过数据评估工作完成情况。"OKR+KPI"的考核方式是传统企业在进行数字化转型时应该采用的考核方式，既可以激发员工的主动性和能动性，又能把握员工的工作效率和工作完成情况。

（5）资本或资金赋能

资本或资金赋能是指通过金融的方式，支持公司或员工的想法、创意落地。资本或资金赋能，将公司转变成一个投资平台，员工通过路演的方式获取公司的资金支持，解决员工创业创新的资金问题，通过资本的方式加持、推动员工想法的探索和落地。

3. 集智

集智，即集合所有员工的聪明才智，为业务的发展群策群力，集思广益。量子管理提倡尊重每个员工的话语权和参与权，强调群策群力，自下而上发现问题、解决问题。这与传统经典管理下管理者发挥管理智慧、经验、下达指令有所不同。数字化时代的管理者要充分激活和发挥员工的聪明才智和责任心，让员工聚焦公司业务发展的目标，发挥每一个员工的价值。问题来自一线，员工长期在一线，问题的解决员工最有发言权。激活了员工，将员工的智慧集合起来，可以产生难以预测的创造力和创新。集合大家的智慧，从不同角度对业务的发展提出建议，然后集中决策，既能多角度思考，查漏补缺，又有利于达成统一意见，形成同一目标。

企业管理者可以通过以下几种方式集合大家的智慧，集思广益。

（1）群策群力

数字化时代信息的获取更加便捷，每个人都能快速获取自己感兴趣的信息，每个人关注的信息维度和方向不同，收集的信息也不同，信息不再是高层管理者所独享。信息的大爆炸、透明化、无序化、分散化，让每个人都能根据自己的兴趣和能力去收集各种信息，形成自己的主见和看法，因此企业管理者要尊重员工的价值，通过汇集个体的力量，聚集员工的智慧，从而保证管理者获取更多维度、更全面的信息和观点，通过群策群力、集思广益，和员工达成目标一致，思维同频，形成群体认同。

（2）员工参与

数字化时代的知识型员工更有主见、更能理解用户和市场的需求，员工不再是组织机器上的螺丝钉，而是一个个有自主意识、能自我驱动、有目标感的生命体，每个员工都有自我价值实现的需求。他们有知识、有见解、有能力、有需求，企业应该鼓励和引导员工参与到企业运营中，主动发现问题、解决问题，为管理者决策提供各种信息支持，员工变被动承接为主动思考，积极贡献智慧和价值。

（3）自下而上的反馈

问题来自一线，答案来自现场，很多解决问题的好创意、好方案都来自一线员工。比如，谷歌的 Gmail 和谷歌地图等产品，亚马逊的 Prime 会员服务和云计算服务，胖东来的各项管理细节等，这些对公司产品和管理有重大意义的创意都来自一线员工。数字化转型要建立顺畅的、自下而上的信息传输通道，集合每一个员工的聪明才智。

（4）鼓励和引导而非打击

集智需要管理者营造一个鼓励大家敢于发言、勇于发言的良好氛围，不论发言者讲得对错，都不进行打击，而是鼓励、引导和启发，让每一个人都愿意主动思考、积极提供解决方案、努力解决问题，从而形成集智的文化氛围。

数字化时代的竞争更加激烈，市场需求更加分散，企业要想更好地把握市场需求和解决企业运营中的问题，需要采用集智的方式，让员工参与到企业管理中，群策群力、集思广益，自下而上的反馈信息，获取一线员工的建议，让管理者的决策更加贴近实际问题和需求。

4. 信任

管理者要能良好的授权，就需要对员工有信任基础。数字化时代企业对知识型员工或"Z世代"员工的管理不再是强纪律、强管控式的约束，而是采用价值观约束、信用约束。

价值观约束和信用约束是精神层面的约束，也是企业管理中最高层面的约束机制。价值观约束和信用约束是一种内驱约束，制度流程是外驱约束。因此，数字化时代管理者要弱化制度约束，采用价值观约束和信任约束，以内驱约束为主，外驱约束为辅，内外兼管。

数字化时代人的信用成为最大的资产，俗语说"人无信不立"，就是强调信用的价值。而信用是建立在信任的基础上的，只有建立信任才能有效放权，才能让权力合理使用；反过来，只有讲信用，才能获得信任和授权。

凯文·凯利（Kevin Kelly）曾指出："新经济始于技术，终于信任。"虽然经济契约与利益分配是协同合作的基础，但究其根源，在高度互联的网络关系中，人们选择合作是因为相互信任。制度控制容易使人产生依赖和惰性，在制度和流程下，不论事情是否成功，只要流程合理、符合制度要求，员工就可以免于承担相关的责任和风险。而信任其实是最好的控制，当一个人自己管自己时，他失去了依赖，反而有了自我约束、自我成长的动力。企业上下级之间最大的问题就是信任，被管理者需要管理者的信任，管理者也需要被管理者的信任。管理者和被管理者若无法建立信任，就容易"一级糊弄一级"。信任能带来无穷的内在力量和创新精神，会驱动员工向前向善。

信任是领导力的基石。管理者被员工信任，可以获得员工的追随；管理者信任员工，可以放心授权，给予员工创新的自由和空间。建立团队信任的基础，信任员工，授权员工，给予员工信任和自由，让信任和决策自由充分激发员工的责任心、创造力和创新精神。企业鼓励员工最好的方式莫过于给予他们信任和自由，激发员工的内在动力，让他们自主去实现自我价值，从而达到简化管理模式的目的。

企业管理者可以通过以下五个方面建立信任体系。

（1）具备同理心

要求双方能设身处地地站在对方的角度来思考和看待某事，感受对方的情绪和需求，形成情感共鸣，对事情达成共识，统一目标和方向，实现认知同频。同理心是有效沟通、达成一致的基础。拥有同理心，更容易在彼此之间建立认同，从而建立信任。

（2）志同道合

团队成员有共同的价值观、共同的认知基础、共同的兴趣和方向，彼此理解，志同道合，降低了沟通和管理成本。同频才能同行，同志才能行远，志同道合、方向一致、目标一致，更容易建立信任。

（3）能力和经验被认可

管理者或员工的知识、专业、能力和过往经验，被彼此接受和认可，在工作中能很好地承担起工作职责和任务，保质保量地完成各自承担的工作内容，不给团队和同事带来麻烦和问题，建立起"可靠"的形象。

（4）及时反馈和沟通互动

工作中及时与领导、同事沟通、交流工作进展、完成情况和遇到的问题，让团队成员及时了解彼此现状，做到信息共享、透明、开诚布公。通过沟通、交流和汇报，建立有效的沟通和信息同步机制，建立信任的基础。沟通和共享代表着对彼此的尊重和认可，有尊重、有认可，就会有信任。

（5）共担责任，共享成果

团队成员彼此认可，在工作中一起努力，有问题不推诿，有成果不独享，责任共担，成果共享，激励机制和利益分配体系合理，有付出，有回报，相互配合，鼎力支持，共建信任体系。

传统的管理崇尚权威，自上而下，管理者和被管理者之间的关系是控制、指挥、命令与服从。而数字化时代量子管理要求管理者放弃威权，打破"官兵"边界，管理与被管理之间的关系转变为支持服务的关系，管理者不再是单一的发号施令者，而是服务者、支持者。

组织的动力不是来自领导，而是来自基层，组织的智慧不再是自上而下，而是自下而上、上下联动。管理的驱动机制也不再是来自指挥命令系统，而是来自使命驱动、自我驱动、目标驱动。

数字化时代的管理需要将牛顿经典管理和量子管理进行有效的融合，在确定性的、需要效率的模式下采用牛顿经典管理方式；在创新、探索具有不确定性、需要动态优化的业务中采用量子管理方式，突出员工的自主性和责任心，通过授权、赋能、集智、信任的方式，激活每位员工。二者有机结合，才能确保企业的第一曲线稳固，第二曲线进行有效探索和布局。

二、数字化时代的激励策略变革

传统的激励和考核方式不能很好地满足数字化时代的人才价值产出和贡献的收益匹配。数字化时代知识型员工创造的价值有可能是指数级的，而传统的考核和激励策略很难匹配这样的价值产出。因此，需要采用新的考核和激励策略。

数字化时代员工的贡献充满着不确定性、不可预测性、跳跃性以及不连续性，在对员工的激励和考核方面，应采用"价值和收益匹配"的原则，打破年功制、岗位薪酬、年底奖金等传统的激励方式，采用"价值和贡献越大，享受的收益越高，即时兑现收益"的原则，激发员工的主动性和责任心，激活员工和组织。这样的考核和激励策略与传统的激励方式不同，可以被称为量子激励。

数字化时代的量子激励原则

1. 由传统的 KPI 考核向 OKR 考核转变，采用"OKR+KPI"相结合的考核方式

OKR（Objectives and Key Results）是数字化时代产生的一种新的管理方式，和传统的 KPI 考核有很大的差异。OKR 考核通过对目标（Objectives）和关键产出（Key Results）的设定，对工作过程和结果进行管理和推进。OKR 既是一种管理思维，也是一种管理工具。

OKR 考核方式适合创业创新型企业，通过对过程和结果的考核，既能达成工作目标，又能释放员工的积极性和主动性。OKR 关注目标的设定、引领，以及达成目标的关键步骤，看重对过程关键节点的把控。而 KPI 只关注结果数据是否完成，不在意考核目的和过程。OKR 考核可以让员工把更多的注意力从关注 KPI 结果数据转移到业务创新和实现过程上。

数字化转型对传统企业来说是一次重塑，转型过程中会遇到很多问题，需要对流程体系、管理机制进行创新创造，需要采用

新的办法、新的解决方案，需要员工主动发现问题和解决问题，需要进行无定向的探索，不断试错、迭代、优化，推进数字化转型的达成。KPI 考核方式无法在创新、试错、探索方面提供支持，而 OKR 考核方式能通过目标和关键产出，激发员工的创新激情和主动性，这正是数字化转型所需要的。OKR 考核要求"目标"来源于底层，自下而上对公司目标进行承接和分解。

数字化时代的激励机制应该是 OKR 考核创新业务、KPI 考核传统业务，两者结合，确保对不确定性和确定性两种业务进行合理的考核和激励。OKR 考核方式可以更好地引导员工将工作重心和关注点从"考核"回归到"激发"，给员工更多的自主权和创新空间，员工由被动安排到主动承接，实现自主自治、充分参与，激发员工的活力、创新精神和主动性。

2. 精神激励比物质激励更重要

马斯洛将人的需求层次分为五层，从下而上分为生理需求、安全需求、社交需求、尊重需求、自我实现需求。随着经济的发展和消费能力的提高，员工对于生理需求和安全需求已基本满足，对于高层级的需求即社交需求、尊重需求、自我实现需求更加迫切。因此企业管理者应该从尊重、自我实现等高端需求切入，给予员工激励。最高层次的激励形式是精神激励，让员工有实现自我、超越自我的满足感，员工在追求自我实现、自我超越的过程中，就激发了自己的内在动力，会迸发出意想不到的能量。

精神激励能激发人的内在动力，而且持久，是激发员工最重要的内在因素。精神激励不是虚无的，使命、愿景、目标、战略都可以激发人的内在动力，企业的认可、尊重和在企业中的自我实现和自我超越，所带来的激励效果会比物质激励更大。

数字化转型过程中激励方式也要发生转变，精神激励和物质激励都要有。授权、赋能、集智、信任等管理策略就是在管理机制上给予员工鼓励和认可，让员工获得更多的尊重和自我实现的机会，这也是精神层面的激励。

数字化时代的量子激励策略

量子理论认为跳跃波动、不可控是事物发展的常态，量子激励遵循量子的特征，采用符合量子的不确定性、量子跃迁、叠加态等属性的激励方式，更好地发挥出对知识型员工的激励效果。量子激励突破了传统的激励模式，解决了组织中业绩动态指数级成长的激励问题，实现按价值和贡献分配，有效激发员工的内在动力。

下面是量子激励的几种形式。

1. 员工由雇佣者向合伙人转变

传统企业的员工一般是雇佣者身份，按照经验、年限和岗位级别获取工资收益，根据一年的工作表现，年底可以获得奖金。这样的薪酬激励方式，员工每年的收益很难有大的变化，政策对员工的激励也是有限的，所以有才华的员工通常都会"跳槽"到其他公司获取更多的收益。对公司来说，每位员工都是公司的核心资产，每一次老员工"跳槽"都是公司的损失。

员工由雇佣者向合伙人的身份转变，可以很好地解决这个问题。员工持股，根据持股比例享受公司收益，员工成为公司合伙人、成为公司所有者，从而在意识和心理上改变打工者的定位和属性，变成自主人、老板、创业者，根据贡献和价值享受相关收益，公司收益越多，员工所享受的收益越多。这打破了传统企业员工"工资 + 奖金"的激励模式。

"工资 + 奖金"的考核激励方式是牛顿经典管理思维的产物，认为员工的能力、价值、贡献是线性成长的，只能享受基本的待遇；而股权制打破了这种形式，采用的是量子激励方式，基于不确定性、量子跃迁的量子属性，通过股权放大了员工收益，增强了对员工的激励效果。

华为公司实行全员持股，将公司的巨额收益按照每一位员工持股的比例进行分配，让员工成为公司合伙人或获得股东的巨大收益，爆发出巨大的能量，激发了每一位员工的内在动力，员工成为公司的主人，为公司的发展和业绩的提升而群策群力，自我驱动，形成强大的狼性文化。

阿里巴巴推行了合伙人模式，吸纳优秀员工成为合伙人，并授予期权和参与公司运营决策的权力，大大激发了员工的能动性。

美的在公司内部推行合伙人计划，采用"业绩股票"的形式，实行长期激励机制，推动公司"经理人"向"合伙人"的身份转变，实现全体股东利益一致，帮助企业提升价值，实现责任共担、价值共享。

员工由雇佣者向合伙人的转变，是身份的转变、站位的转变、思维的转变、收益的转变。转变之后的员工，其行为方式以及带来的价值产出和传统的"工资 + 奖金"激励方式带来的价值产出有巨大差异。合伙人模式普遍为领先公司所采用，其收益的不确定性和跃迁性带来的激励效果是巨大的。

2. 用户付薪，根据价值创造，分配收益

数字化时代企业的付薪理念发生了很大的变化。传统的"工资+奖金"是企业付薪，属于岗位薪酬，而量子激励是基于市场价值的产出，基于用户对产品和服务的认可而产生的买单行为所带来的收益，因此量子激励是基于市场的表现付薪，即市场付薪或用户付薪。

创造的市场价值和用户价值越高，获取的收益也就越高。海尔采用"高人聚高单，高单享高酬"的"用户付薪"激励方式，就是基于量子力学思维的价值不确定性和能量跃迁原理，根据创客的价值创造和贡献差异享受不同水平的激励，创客创造的用户价值越大，享受的收益就越高，打破了平衡和随大流的形式，形成激励张力，多劳多得、少劳少得、不劳不得，这样就更加合理公平，激励效果更加有效。

直播行业中涌现很多头部主播，这些头部主播利用数字化平台给公司带来了巨大的收益，创造了以往个人无法产生的价值。那么，公司如何与主播利益保持一致，不因利益分配产生纠纷，影响公司的发展？现实中有很多利益分配不均导致发展受影响的案例。国内某头部公司重点打造的女网红，因为个人粉丝量较大，能获取更多的收益，而公司还是按照传统的薪酬模式给该网红发工资，使她形成巨大的心理落差，导致该网红离职，给公司带来了一定的影响，这就是传统的薪酬思维，没有根据员工的价值来支付薪酬而导致员工离职。而东方甄选的头部主播，在粉丝中有很大的影响力，个人直播销售额占东方甄选平台销售额的很大比重，东方甄选给了该头部主播极高的薪酬，让主播非常满意，主

播还一直在平台上贡献价值。东方甄选就是采用了量子激励方式,根据员工的价值付薪,实现了平台和员工的双赢。

3. 岗位晋升不以年功序列为准,而以能力和贡献为晋升标准

公司内部晋升时,不能按照传统企业的年功序列来评判,而是看员工对企业的贡献和展现出来的能力,只有建立"能者上,平者让,庸者下"的以能力论英雄的企业文化,才能更好地激发组织的活力,打破科层制年功序列的僵化性。

海尔将"人单合一"管理模式导入被兼并的日本公司,采用量子激励,按照价值和贡献进行人员晋升,将35岁的年轻人晋升为部长,打破了日本企业长期以来按年功序列晋升的模式,激活了年轻人的内在动力,公司爆发出前所未有的活力。

华为同样采用量子激励来激发员工和组织的活力。在某个硅光项目中,突破技术后就可以大幅度增加技术的先进性和降低成本,可能给公司未来带来数以亿计的利润。该项目有四个团队在同时进行技术探索,谁也不知道哪条路径能成功:

- 光传输方面的专家带着精兵强将,沿着最大概率的路径探索;
- 某位专家带领另一个团队沿着第二大概率的路径探索;
- 一些技术骨干沿着第三条路径探索;
- 一位刚入职的博士沿着当时判断成功概率最低的路径进行探索。

后来,这位刚入职的博士做成了。华为把整个过程进行复盘,发现刚入职的博士的成功不是偶然的,其理论和逻辑都是成立的,是凭实力取得的成功。华为就把这位刚入职的博士破格提升

五级。这样的激励和晋升机制大大激发了每一位员工的能动性。

量子激励和牛顿式激励有很大的差异，企业管理者在制定激励政策时，可以考虑传统业务和创新业务的差异，采用不同的激励机制。比如，传统业务相对稳定，变化不大，可以采用"工资＋奖金＋福利待遇"的激励方式；创新业务因为不确定性较大，需要创新创造，需要更多的积极性和主动性，一旦成功，所带来的价值也是指数级，所以采用量子激励，激发员工的内在创新动力。

我们所处的世界受到经典牛顿法则和量子规律的双重制约，企业管理者在制定策略时，既要有牛顿力学思维，也要采用量子力学思维，执着于其中之一是不可取的。在管理变革中，并不是完全摒弃牛顿经典管理方式，而是将牛顿经典管理和量子管理的激发赋能进行有效的融合和平衡，对成熟的业务或劳动密集型工作采用牛顿经典管理方式和激励方式，而对于创新业务或知识密集型工作采用量子管理方式和激励方式。业务模式不同，采用的管理策略也不同，作为管理者，需要将二者有效融合才能达到最优的效果。

三、案例：激活京东商城 30 万名员工的激发式管理 模式

京东集团经过二十多年的高速发展，开拓了多个不同的业务板块，每个业务板块又都有自己的特征和属性，发展阶段也不同，有的相对成熟（如电商板块），有的处于探索成长期（如金融板块）。多元化的业务板块给企业的管理带来很大的挑战，各业务如果采用统一的、科层制、强管控的组织模式和管理模式，必然影

响沟通效率，错失市场机会，很难管好多元化的业务板块。京东在二十多年的高速发展中，在管理方式、组织模式、激励机制方面探索出量子管理机制，有效激活了员工和组织的活力，实现了对员工和复杂业务的有效管理。

下面从管理模式和激励形式两个方面为大家详细讲解京东集团的数字化管理机制是如何有效支持京东集团的快速发展的。

京东集团的激发式管理模式

京东集团业务快速发展，组织不断扩张，京东集团采用"杨三角"的管理模型，从员工思维、员工能力、员工治理三个方面对员工进行授权、赋能、激活等管理机制设计，图5-3详细介绍了京东的管理机制。

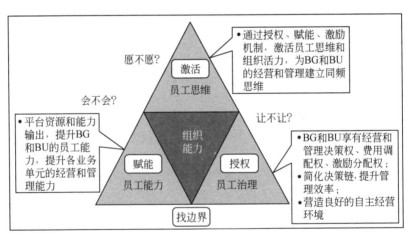

图5-3　京东的管理机制

员工思维是企业数字化转型管理过程中最应该关注的。企业的数字化转型本质上是人的转型，而人的转型包括思维和能力的转变。思维转变才会带来行为转变，行为转变才能带来结果改变。因此，员工思维的转变是企业转型过程中极为重要也是极为艰难的转变。员工思维转变和激活了，员工的内在驱动力就发动起来了，员工就可以自主自发地进行创新创造，大大降低管理难度，提升管理效果。员工思维的转变主要解决"愿不愿"的问题，即员工愿不愿意进行变革和转型，思维认知能否与管理者同频，能否接受公司一系列的转型操作。通过"激活"来解决员工的思维认知问题。

京东集团通过授权、赋能、量子激励，激活员工思维和组织活力，为 BG（Business Group，事业群）和 BU（Business Unit，业务单元）创造良好的经营条件和管理环境。

员工能力代表了员工能否满足公司快速发展和转型的需要，能否胜任岗位需求，承担起公司赋予的工作责任，解决的是员工"会不会"的问题。员工能力是员工胜任力的重要表现，员工能力的强弱在很大程度上决定着企业数字化转型能否成功。员工能力的提升，既需要员工本身具备一定的技能，也需要公司给予足够的平台和机会，进行岗位历练，提升技能。京东集团通过平台资源和能力的输出，将平台能力赋予员工，帮助员工借助平台的能力和资源，更好地完成工作。通过赋能来提升员工能力。

员工治理是企业平台的管理机制和企业文化，主要是对员工行为进行管理和引导，让员工知道哪些事情可以做、哪些事情不能做、事情的边界和决策的边界在哪里，解决的是"让不让"干的问题。通过授权来提升员工治理能力。

京东集团通过对 BG 和 BU 进行经营和管理决策、费用调配、激励收益分配等的授权，让一线业务团队能根据业务发展情况和市场竞争情况自主决策、调配资源、分配收益，从而简化了集团内的申请决策审批流程，缩短了决策链条，提高了决策效率。

1. 授权："让一线听到炮声的人呼叫炮火"

授权主要是为了保证各业务部门和一线团队有足够的权限来进行创新，也能有足够的资源和权限来探索和尝试孵化新业务。通过授权，BG 和 BU 获得了经营和管理的决策权、费用调配权、激励分配权，这三项权力可以保证业务决策、投入和收益的独立自主，自负盈亏。

京东集团对业务群和业务单元进行授权，通过"管理红线划定"和"经营自主管理"两项授权机制，界定了集团总部、业务群、业务单元之间的权限边界，集团总部授予各事业部在财权、人权、业务权等方面一定的灵活度和自主空间，并通过可视化的管理过程，对授权使用边界以及业务运营状态进行监督和管理，并由各业务单元自下而上实时反馈，集团根据反馈情况进行持续优化，从而保证授权边界和业务自主权方面实现动态平衡，具体授权逻辑见图 5-4 所示。

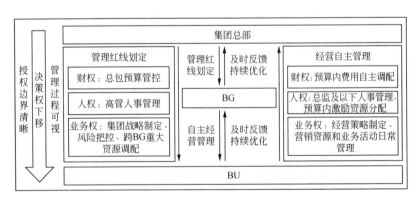

图5-4　京东的授权机制

（1）财务授权方面。集团总部对各事业部进行总包预算管控，在总包预算额度内，各事业部可以自主控制，可以在营销费用、人员工资、研发投入、系统建设等方面自主调整使用，而不受总部审批和管理。这就让一线业务部门有了灵活的财务使用权限，只要不超标，可以根据业务需求调整费用的使用情况。总部财务基于总包预算及各事业部的费用使用情况，对各业务线的财务进行严密的监控，一旦发现财务危机会及时预警，在财务预算范围内的自主调配使用，集团总部财务不会进行干预。

（2）人权方面。集团公司只把控副总裁及以上层级的招聘和任命。总监及总监级以下的员工，全部由各个业务群、业务单元说了算。对于现金股票激励资源的分配，集团会划定一个公司层面的范围，范围之外的，总监级及以下的人员，事业部、子集团可以根据实际情况自主分配和安排。

（3）事权方面。集团负责集团级的战略制定、风险把控、跨业务群重大资源调配及分配；各业务群负责各自业务板块的经营策略的制定、营销资源的投入调配和业务活动的日常管理，各业务部门有足够的自主权来进行管理和决策。让一线接触市场的业务部门和业务管理者快速响应、快速决策，从而保证公司能跟上快速变化的市场，满足用户的需求。

"权无监管则乱用"，集团在授权之前建立了强大的监管体系。要保证权限边界清晰，公司管理和决策过程能够留痕，可以进行可视化和数字化管理，从而确保业务可控，及时监督，随时调整。授权之前企业的信息化程度、数字化程度甚至智能化程度要比较高，各种业务和管理流程要实现在线化，日常业务和管理可以数字化，可以时时监控，责任到人。

2. 赋能："授人以鱼不如授人以渔"

授权之后，还要对员工进行提升，将公司的资源和能力转化成各子公司、事业部以及员工的资源和能力，帮助各事业部、子公司以及员工快速成长。所谓"授人以鱼不如授人以渔"，赋能就是将平台和总部具有的工具、方法、技术、数据、资源等赋予事业部和员工，提升其能力，助力问题的解决。图 5-5 展示了京东的赋能体系，主要从机制、组织、帮扶、资源四个维度为员工赋能。

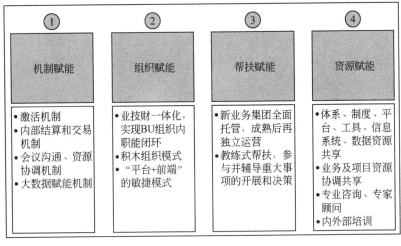

图5-5　京东的赋能机制

（1）机制赋能。包括激活机制，部门和分公司之间的内部结算和交易机制，会议沟通、资源协调机制，大数据提供的监测预警与改进的赋能机制等方面的机制制度。帮助各事业部、员工从公司机制中获得能力支持。激活机制指的是在"授权、赋能、激活、找边界"的模式下，对集团和 BG 的权限进行划分、授予和优化，让集团和 BG 的权力合理使用，既在管控范围之内，又能有足够的自主空间，激发员工的能动性和组织活力。内部结算和交易机制是对内部资源进行明码标价并在内部进行市场化结算交易的机制，将外部的市场竞争机制引入部门间，用市场化机制倒逼企业各部门升级服务。会议沟通、资源协调机制，是指每个月京东所有 VP 级别以上的高管都有一个周末不休息，要参加集团经营分析会，去看集团所有业务板块的经营数据与目标达成情况，通过会议对经营中遇到的各种问题进行分析，对需要协调和处理的各种资源进行协同，制定下一阶段的工作目标和工作内容。大数据赋能机制，是通过平台的大数据能力，对各业务运行情况进行监测、预警与改进优化，通过大数据的预警与改进机制，指引各业务板块负责人要注意哪些问题，提升和改进工作的方向以及数据等。

京东通过这四种赋能机制，合理分权，加强市场化竞争，提高内部部门协同，加强运行监管，激活内部员工和组织活力。

（2）组织赋能。打造业技财一体化的职能闭环小团队，将市场、人力、公关人员、技术、财务等以中台支持资源的形式前置到业务事业部中，通过各职能板块人员与业务人员的实时沟通和配合，实现人力、财务、技术对业务部门的有效支持，实现 BU 内的业务支持和各种流程的体系内闭环，推动业务的快速发展。通过打造"积木化"的组织模式，对平台的各种资源进行模块化、"积木化"的能力输出，降低各业务部门获取平台支持的难度，有效将集团资源和能力赋予各业务部门。同时，"平台 + 前端"的敏捷组织形式，在组织架构设计层面提升了组织的敏捷性和灵活性，有利于快速把握市场变化和需求，加速业务的发展。

（3）帮扶赋能。对于符合京东发展的新业务，由集团先进行全面托管，依托集团资源和优势，加速新业务的发展，待新业务成熟后再由业务部门独立接管和运营。这种模式有利于集中力量快速提升新业务的孵化成功率。同时通过教练式帮扶，参与并辅导各事业部重大事项的开展与决策，让集团的经验、资源、能力能更好地帮助事业部成长。

（4）资源赋能。实现体系、制度、平台、工具、信息系统、数据等资源共享，有效支持各 BU 业务部门的需求，帮助各事业部快速搭建自己的体系、机制、系统、流程，借助集团平台的力量，快速培养各业务发展所需要的各种能力，提升市场竞争力。通过集团会议沟通资源协调机制，解决各业务部门协调的痛点和"部门墙"问题，发挥集团的资源协调作用。通过整合行业内的专业咨询力量、专家、内外部培训辅导等方面的资源，快速提升 BG 和 BU 管理团队的专业能力和业务能力。

京东集团通过以上四种赋能机制，快速将集团的能力赋予各事业部，帮助各事业部独立决策、快速发展。

3. 激活：通过授权、赋能激活组织活力

授权、赋能是从外在对员工进行帮扶，而激活是为了让员工从内在进行驱动，实现自驱动、自成长、自进化。京东集团通过将权限、资源、自由、空间幅度等进行合理的授权，在四大赋能机制的加持下，建立起"让一线听到炮声的人"愿意决策、能够决策、敢于决策、自主决策的机制，从而激活了员工的能动性和创新精神，降低了管理和沟通成本，保证公司业务的持续领先，图 5-6 详细展示了京东集团的激活机制。

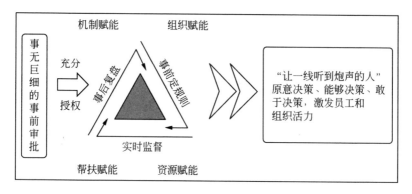

图5-6　京东集团的激活机制

通过授权，改变了集团事无巨细都要事前审批的强管控形式，通过四大赋能机制，将权力下放到各事业部，"让一线听到炮声的人呼叫炮火"，并通过"事前确定规则 + 实时监督 + 事后复盘"的管理方式，确保集团资源被合理有效使用，从而让一线管理者愿意决策、能够决策、敢于决策，有效激活组织活力。

京东的量子激励政策

京东为了留住人才、激发人才动力，制定了非常完善的人才激励政策，采用"牛顿式岗位付薪 + 量子式价值付薪"相结合的薪酬激励体系。京东倡导以重视人才、绩效文化和关注成本效率为核心的薪酬管理理念，为员工提供全面的薪酬福利体系，岗位薪酬中包括月薪等固定薪酬，绩效奖金、年终奖金等变动薪酬，福利补贴等现金补贴，以及丰富多样的员工保障和关怀福利，如爱心救助金、五年老员工医疗保障、安居计划等人性化的薪酬福利政策。

京东的价值付薪机制体现在对于优秀的人才的激励上。京东会按照价值贡献的不同，给予员工不同的激励政策。比如，在薪酬涨幅上，重点战略型人才群体所享受的涨幅空间就比较大。而中高层管理者，可以根据贡献价值的不同，又享受不同比例的现金激励和股票激励。这种激励政策极大地激发了员工的内在动力。

京东的价值付薪除了体现在薪酬福利方面，提供量子激励，还在公司人员的成长方面提供政策保证，比如，针对人才能力提升提出的"人才开放"政策和"人才学历提升"计划。

"人才开放"政策规定，员工只要在同一岗位上干满一年，就可以申请内部调动，管理者不得以任何方式阻止；员工在同一岗位上干满三年，管理者必须与其沟通，推荐相应的内部机会；员工在同一岗位上干满五年，必须更换岗位。这种"人才开放"政策，让人才在全公司范围内自由流动，通过轮岗，让人才在不同的岗位进行历练，补足能力短板，锻炼出更全面的能力，有利于人才的快速成长，也为公司储备更多的人才。

"人才学历提升"计划是京东为提升高层、中层和基层人员的学历，分别跟中欧商学院、中国人民大学、北京航空航天大学等高校合作不同层次人员的学历提升项目，为家境贫困的员工提供助学金，为表现优异的员工提供奖学金。

针对基层员工，京东设立了"我在京东上大学"项目。京东与中国人民大学、北京航空航天大学等启动了该合作项目，员工在不影响正常工作的情况下，通过远程教育，两年半的时间取得大专或本科学历。参与该项目的京东员工享受学费折扣价。同时京东集团对两年半后拿到了学历的员工给予奖励：如果员工学习期间晋升了一级，减免1/3的学费；如果晋升了两级，减免1/2的学费；如果晋升了三级，学费全免。

针对中层员工，京东设立了"我在京东读硕士"的在职研究生学习项目。京东与北京航空航天大学合作，员工只要通过每年 10 月份的硕士学位研究生入学资格考试，就可以进入"京东班"进行为期两年半的在职研究生学习。

针对高端人才，京东跟中欧商学院合办了"京东班"，京东每年会派遣数名高管及优秀管培生到中欧攻读 EMBA（高级管理人员工商管理硕士）课程，同时为中欧 MBA（工商管理硕士）学生提供实习和工作机会，并将表现优异者纳入京东"管培生计划"。

学历提升激励是精神激励和物质激励的结合，帮助员工提升自身实力，获得更多晋升空间，有效增强了员工对公司的黏性，激发了员工活力，为公司筛选和培养了人才，形成了合理的团队梯度，也维护了团队的稳定。

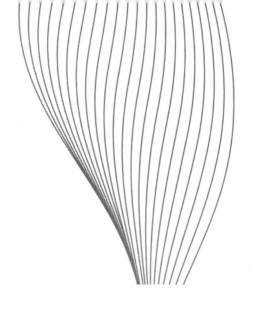

第六章

组织变革：打造扁平化、敏捷化的组织能力

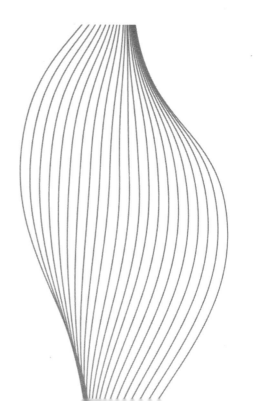

数字化的快速发展，让传统的牛顿式科层制组织模式越来越难以支撑企业把握快速变化的市场和满足个性化的需求。培养企业应对不确定性的组织能力，探索新的组织形式，改变科层制的组织结构，成为企业快速发展的迫切需求。

一、科层制组织在数字化时代的弊端

自从韦伯提出科层制组织管理模式以来，科层制一直是组织的核心管理模式。科层制是以金字塔式的组织形式，按职能区分，形成不同的部门，各部门承担不同的职责。这种组织形式提高了各部门的专业度和专注力，但在运行过程中会产生"部门墙"和内部阻力；而从上而下的传达命令，上级决策、下级执行，严密的管理流程保证了严谨性，但也遏制了自下而上的反馈和创新。科层制经过这么多年的运行，因其优势而被各种组织采用。比如，严格的规章制度约束了组织成员的行为，确保了行为的一致性，能高效完成工作和任务，这在规则明确、秩序井然、讲求效率的工业时代是非常好的组织管理形式，能够保持理性和效率。但在多变而不确定的数字化时代，稳固的科层制组织模式扼杀了创新，阻碍了组织对市场的及时感知和应变。科层制在工业时代的优势，在数字化时代反而成了劣势。

图 6-1 列举了数字化时代科层制组织的 5 个弊端。

1. 在组织内过度强调标准化和一致性，影响了感知市场的灵活性

科层制的组织模式要求组织内所有成员听从指挥，行为和动

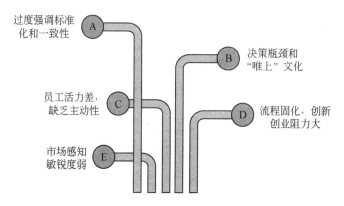

过度强调标准
化和一致性 A

决策瓶颈和
"唯上"文化 B

员工活力差，
缺乏主动性 C

流程固化，创新
创业阻力大 D

市场感知
敏锐度弱 E

图6-1 科层制组织的弊端

作都是标准化的，需要根据上层领导的要求和决定，保持行为的
一致性，这是科层制强管控的特征，在工业化企业是非常有效的，
可以提高效率。比如，对于生产制造型企业而言，由于生产制造流
程相对稳定，因此采用标准化和一致性的组织模式是非常有效的，
可以提高效率、快速复制、保持产品的标准化。而对于讲求快速
变化，满足用户的个性化需求，需要进行创新的企业或组织而言，
科层制的标准化和一致性就扼杀了组织的灵活性，会丧失很多市
场机会。

2. 决策瓶颈和"唯上"文化盛行，影响决策的及时性和合理性

由于公司的决策权和资源调配权在中高层管理者手里，员工
的职务升迁、工资调整都取决于管理者，因此在公司的决策中通
常会以上级管理者的决策和意识为主，而不是基于市场和用户的
需求做出决策，各级员工很难有魄力对上级管理者做出的决策提
出异议，企业内部逐渐形成以管理者意识为准的"唯上"文化，同
时也形成了决策瓶颈——各层级都等着上级管理者来做决策，当

管理者分身乏术或决策延迟时，很多事情就停滞了，影响决策的及时性和合理性。

3. 员工缺乏主动性，导致组织活力丧失

在科层制下是以上级管理者的决策和意见为准，员工的意见和建议不被管理者重视，员工只能听令行事，严重挫伤了员工的积极性和主动性。同时，科层制的严谨性让员工很难突破现有的规章制度，发挥创造性和主动性，因为每次流程变革和创新突破都会对后续流程带来冲击和改变，在已经固化的流程和模式内，新的创新和改变大都不被允许，久而久之，员工也就失去了发现问题、解决问题的主动性，不愿意提意见、求改变，对企业的问题也就视而不见了，只等上级管理者决策，导致组织丧失了活力和成长性。

4. 内部流程固化，变革困难，创新创业阻力大

科层制模式的企业流程比较严谨，按职责划分的部门，让跨部门之间的沟通难度变大，部门和部门之间形成"部门墙"和"隔热层"。"山头主义"、各自为政、一切以流程为准，这样的组织形式遏制了组织内部的创新活力。组织变革的力量控制在少数几位高层领导者手里，中层或基层很难发起变革，一旦高层领导者出现决策失误或丧失活力，组织就会陷入衰退。

5. 外部感知敏锐度降低，无法敏捷应对外部变化

科层制的流程机制让员工只关注内部流程审批和管理者意见，很少关注企业外部的用户和市场变化，固化的流程机制和"唯上"

文化让企业感知外部市场的敏锐度大大降低，紧密固化的流程又遏制了组织内的创新活力，企业无法敏捷应对外部市场变化、捕捉市场机会。

科层制的弊端严重阻碍了数字化时代企业的快速发展，很多领先的企业都在探索科层制组织形式之外的组织模式，如海尔提出小微生态、链群合约组织模式，华为打造"让一线听到炮声的人呼叫炮火"的赋能型组织模式，互联网公司组建中台，提升模块化输出能力。领先的公司都认为科层制的组织结构已经无法满足数字经济的发展要求，组织的变革势在必行。

数字化时代要求企业从关注内部管理效率的提升向关注客户体验和感受转变，从稳健存续的线性经营发展模式向快速迭代、降维竞争、跨界共赢的非线性成长模式转变，这些新的需求和变化都使科层制的组织形式面临很大的挑战，推进着组织形式的变化。

数字化时代量子式的动态进化认知体系逐渐代替牛顿式的机械论认知体系，组织形式朝着符合量子管理特性的自驱动、自进化、自创生的自组织形式演进，推动了组织的改革和创新。

二、数字化时代组织变革的方向

构建和打造组织能力是组织变革的重要方向，一个企业的长久发展，在于组织能力的建设。企业的组织能力体现在组织的管理模式、组织形式、组织文化上，体现在组织中员工的思维认知、专业知识、员工技能等方面。

不同公司对组织能力的界定也不同，互联网公司一般是用户至上，体验为王，创新驱动；传统公司一般是以产品创新、品牌建设为主。比如，亚马逊公司的核心组织能力是客户至上和创新，用户体验和创新是腾讯最为突出的组织能力，谷歌的组织能力是依靠科技驱动的创新带来持续成功，以客户为中心的产品研发和服务以及敏捷化的组织能力是华为的核心竞争力。

数字化时代组织变革的方向要实现两个基本功能，对内要激活员工，通过管理机制和流程创新，打造组织管理未来不确定性的能力；对外要激活组织，连接企业用户和行业资源，打造行业生态，构建制胜未来的产业模式。这两个功能的实现，需要对组织形态、管理模式重新进行设计，以建立应对不确定性和敏捷应对变化的组织能力。

数字化时代的组织要求能快速应对市场的变化，把握用户的需求，组织不应该是简单的战略 - 执行的二维思维，而应该具备面对复杂的市场环境，能不断进行试错、探索、迭代、调整，也就是组织要有敏捷性和动态性。

纵观国内外，领先的企业都在探索适应数字化时代的新的组织形式，海尔的"人单合一"小微组织，华为的"铁三角"项目组，小米的扁平化组织，supercell（超级细胞）的"小组 + 平台"模式，都是数字化时代好的组织管理模式的探索，这些探索让公司获得了良好的发展。

传统组织在转型过程中衍生出很多不同的组织形式，比如合弄制、扁平化组织、无边界组织、敏捷性组织、指数型组织、阿米巴组织等，不一而足。但不管名称怎么变，其实质都是打破严密的、中心化的、管控型的科层制组织形式，建立一种面向市场的、快速响应的、激发每个人能动性的无边界的、平台化的、扁平化的、敏捷化的新型组织形式。

从这些先行公司的探索以及获得的良好结果来看，优秀的领先的企业都在变革传统的科层制组织形式，一些互联网公司更是从根本上构建了一个与传统组织不一样的新的组织形式，重新定义了组织能力和组织的运作模式。基于数字化时代的特点和量子力学的影响力，我们将其命名为量子式自组织，简称量子组织。

三、搭建适应数字化时代的组织形式

原来稳定的组织模式在数字化时代并不能很好地应对市场的变革和各种不确定性，传统组织中习以为常的因素如文化、能力、团队、战略－执行、激励体系等都发生了改变，传统的科层制组织需要转变为量子组织。量子组织的构建形式是建立"自组织"的模式，所谓自组织，就是组织能自己生成、自己成长、自己迭代、自己进化，敏捷应对市场变化，根据市场情况和业绩达成情况实现组织能聚能散的效果，即可以根据市场的变化，随时调整团队规模、调整业绩目标，快速抓住市场机会。

建立量子组织，需要组织具备自我设计意识系统、无边界的流程、明确的组织运行规则以及参与者有内在承诺并能自觉遵守。这几点是量子组织的底层运行规则，当每一个成员都清楚组织的运行规则，并能自觉自发按照规则在组织内行事，管理就变得很简单。比如，交通红绿灯就是典型的自组织模式，所有人都知道交通规则，交通规则构建了交通运行的秩序，大家都按照规则执行，道路自然畅通，若有违反规则，造成交通堵塞，再由管理者（交警）来进行疏导和裁判。全国各地的交通在有限的警力管理之下，进行有序的运行，这就是典型的自组织"无为而治"的管理模式。

所以量子组织有几个基本要求，即规则明确、公开透明、自觉遵守、明确对错。量子组织的核心特点是能聚能散，自生自灭。能聚能散说的是自组织的形态和规模，可大可小，聚是一团火，散是满天星，聚在一起能产生强大的众人合力，散开能展现出强大的个人力量。自生自灭，说的是自组织可以自己产生，也可以自己消亡，产生和消亡的标准依据组织在市场上产生的价值和贡献而定。

量子组织的特征

数字化时代，瞬息万变的市场，个性化的用户需求，对企业的组织能力提出更高的要求，强管控的模式在企业运行过程中越来越无法有效助力企业的快速发展。企业需要一种新的管理方式和组织形式来应对数字化时代的挑战。企业在打造和探索新的组织能力的过程中，需要将牛顿经典管理和量子管理进行融合，将两种管理思维和管理模式的优势在组织内落地融合。牛顿经典管理的高效决策、强力执行，可以让决策尽快落地；量子管理的激发、赋能有利于企业进行创新，寻找更多机会。两种管理思维和管理方式的有效平衡和融合，才能构建起企业在数字化时代应对不确定性、高效把握市场机会、快速获取用户、超越竞争对手的组织能力。

量子组织是为了企业能更好地适应数字化时代的竞争需要，量子组织的核心在于构建用户体验无缝衔接的组织能力，及时快速响应用户的需求，满足用户的需求，让企业和市场之间建立"量子纠缠"，给用户带来最佳的体验。量子组织的敏捷性、无边界性、灵活性等性能能更好地应对数字化时代的变化。

量子组织注重人才，突出个体价值，甚至认为个体能够影响项目和事件的成功与否及态势走向。量子力学思维认为每一个人都是一个能量体，其发挥出的能量在组织中会产生巨大的影响力。数字化技术和数字化平台赋予了普通员工巨大的能量，数字化技术和平台让世界变得扁平，每一个人都是一个网络节点，削平了人际鸿沟，普通员工可以利用数字化技术，连接到不同的资源和人脉，给企业和项目带来巨大的机会和资源。

传统组织影响组织成功的因素可以概括为组织规模（人数＋层级）、清晰的分工和角色定位、专业化和流程化、组织内部的控制机制等，从而保证科层制的组织高效运转和达成组织目标；而数字化时代影响组织成功的因素变为响应速度、灵活性和敏捷性、组织的开放程度和平台化程度、组织对员工能力的激发和创新精神。由此可以看出，数字化时代的组织和传统时代的组织有很大的差异。表 6-1 对两个组织之间的差异做了对比分析。

表6-1　量子组织与传统组织的特征对比

分类	传统组织	数字化（量子）组织
组织结构	科层制金字塔结构	网状化平台型结构
组织机制	他组织、他驱动	自组织、自驱动、自迭代
组织成员	员工	创业者、合伙人
	管理者	领导者、赋能者、服务者
组织形态	公司+雇员	平台+创客
组织边界	封闭式	开放式
组织文化	个体与分工	群体与共享
	命令与控制	自发与协同

续表

分类	传统组织	数字化（量子）组织
组织流程	静态线性审批	动态网络协同
工作方式	办公室物理空间	数字空间与物理空间的结合
组织效率	官僚制卡位	敏捷化响应
组织运行	管理者治理+制度驱动	数据治理+用户驱动
权利分配	集权集利	授权赋能、共享利益

由表 6-1 可以看出量子组织与传统组织的巨大差异。量子组织基本上是对传统组织进行了颠覆式的改造，组织由"管控式"的管人理事向"赋能式"的能力激发和价值创造转变。所以作为数字化时代的企业管理者，要能从底层逻辑上了解组织的发展方向和趋势，了解数字化组织的特征，并能推进传统企业的数字化改造，培养适应数字化时代需要的组织能力。

基于上述量子组织的特征，可以提炼出量子组织的核心特点：扁平化、"小团队 + 大平台"、信息透明、敏捷性、协同性、群策群力（去威权化），这为企业打造量子组织提供了指导思想。

量子组织的打造策略

基于量子组织的特征，我们探索量子组织的打造策略，以便把传统的科层制组织推向数字化时代所需的量子组织。下面我们将详细讲解量子组织的打造策略。

1."平台化 + 小团队"

数字化时代组织的演进方向由传统的科层制向平台化转变，但这种转变并不是完全摒弃科层制的管控模式，而是将科层制管控和平台化赋能融合在一起。科层制讲求自上而下的决策，对于公司级或集团级的战略决策，由高级管理者来制定，采用自上而下的方式来推进。比如，公司是否进行数字化转型？数字化转型的路径是怎样的？这需要公司的高层管理者做决策。这种情况下，有科层制的管理方式在起作用。而公司战略的承接和创新方式的涌现，需要自下而上，通过小团队的方式去探索、去实验，从而找到最佳的实现路径。

在组织转型的过程中，自上而下的战略变革和自下而上的战略承接是互相配合的，科层制延续，平台化崛起。这种管理方式的融合，需要管理者在管理过程中找到平衡点，通过自上而下的战略决策把握方向，通过科层制的效率把握速度，同时也要通过放权，组织小微化、平台化保持创新性和敏捷性，把握市场机会。

（1）组织形式的变化趋势是"平台化 + 小团队"

小团队即市场前端，主要职责是贴近市场，快速获取市场和用户信息，跟用户建立联系，获取更多用户需求，快速敏捷把握市场机会。平台为小团队提供各种支持，将平台的各种能力赋能给小团队，帮助小团队提升能力，快速达成目标。

平台化组织可以总结为以下四个特征。

一是大量的前端自主小团队。一般由多个部门的人员组成，享有一定的自主权和决策权，可以根据市场情况及时做出决策，把握和探寻市场需求和机会。

二是合理的授权机制和强有力的支持平台。通过中台、后台等管理部门的管理流程和管理机制，为前端市场小团队提供强有力的资源和支持，便于前端小团队根据市场情况快速做出决策。

三是高效敏捷的内部协同体系。通过功能强大的数字化平台，以信息和数据为驱动，以业务订单为牵引，在组织内部实现信息的高效流转和透明共享，推动各后台支持部门全力支持前端小团队，实现力出一孔。

四是具有大量自主创新精神的员工，真正实现自下而上的创新。项目、产品、创意等由前端小团队启动，平台使用风险投资型机制和内部自由市场竞争机制来配置资源，领导层不再进行事无巨细的管理，而是给予更多授权，真正激活员工，让员工主动创新创造，把握市场机会。

国内很多优秀的企业在采用"平台化 + 小团队"的组织形式。比如，华为独创的"铁三角"团队模式就是典型的"平台化 + 小团队"的组织形式。客户经理、方案经理、交付经理三个人组成一个市场前端小团队，俗称华为"铁三角"，华为公司给"铁三角"团队足够的授权，让"铁三角"可以针对市场动态及时做出最佳决策，大大减少了请示汇报、信息流转的时间，提升了决策效率。任正非称其为"让一线听到炮声的人呼叫炮火"。华为通过这样的授权机制和组织模式，打造了华为的狼性文化，激活了组织活力。

平台化组织最重要的功能是赋能和激发，不再是管理或激励。平台化组织的管理策略是建议不决策、帮忙不添乱，让一线前端自主决策，平台提供资源支持，改变后台支持部门的职责和权限，不再是闸口部门、管控部门，而是服务部门、支持部门，实现由管控到赋能的转变。

（2）什么情况下采用小团队

对于新业务、新机会、新商业模式，可以采用"平台化 + 小团队"的组织模式，进行新的业务探索。在已有公司组织基础上，通过建立一个独立于已有公司组织之外的团队，保持独立性和成长性，通过与大平台的有效沟通和融合，给予小团队充分的市场自由、决策自由，去探索新的机会和空间。

小团队层级少，团队管理者管理幅度有限，沟通效率高，将不同部门的人员组建成一个小团队，可以提高团队内的沟通效率和协同效率，具备一定的灵活性和机动性。组织的平台化转变在平台上产生了很多小团队，团队成员之间紧密配合，相互支持，充分信任。平台化组织以其赛马式前台、赋能式中台、敏捷式后台等功能，有效实现全员内驱，促使组织价值与个人价值发挥到最大化。

（3）小团队的构建方式

小团队的成员要求精明强干，团队成员能力互补，团队工具功能强大，小团队要享有一定的自主权，也要随时保持与大平台的紧密沟通和汇报，获取大平台的资源支持。小团队打破了科层制组织的壁垒，重塑了组织形式，由自上而下的科层制组织形式改成扁平化的小团队模式。图 6-2 展示了组织的变革方向。

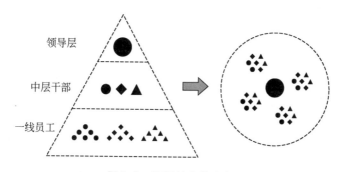

图6-2　组织的变革方向

传统的科层制模式，领导层在顶端，中间是中层管理者，下面是基层管理者以及基层员工，公司根据职能进行分工，从而形成了不同的部门。例如，财务人员聚集在一起就形成了财务部，人事行政管理工作人员聚集在一起就形成了人事部，产品销售人员聚集在一起就形成了销售部，产品研发人员聚集在一起就形成了研发部等。这种根据工作职能的划分，就是典型的分工思维。这种组织变大后就会产生流程，部门就有了层级，也产生了官僚主义，形成"部门墙"，从而产生了"大企业病"。

为了消除"大企业病"，很多优秀的企业开始探索小团队模式，通过项目制的方式，将不同部门的人员聚集在一起，形成一个小团队，这个小团队可以包含财务人员、人事、研发人员、销售人员，他们组成一个团队，对产品和市场进行评估和决策，且享有自主权，对产品的市场反应承担责任和风险，同时享受相关收益和权益，小团队有足够的主动性和灵活性。管理者为小团队提供资源、政策等方面的支持，做好小团队内部、小团队之间的各种平衡和协调，保证小团队的高效运转。

从图6-2可以看出，小团队模式打破了"部门墙"，将各职能融合在一个团队中，管理者也不再是发号施令者，而是做资源协调和赋能。

当小团队发展到一定数量和规模，小团队之间形成连接互动，建立由小团队组成的去中心化的组织生态系统，图6-3展示了去中心化的小团队连接成大团队的组织形式。组织中的任何单元和个人都可以成为小团队的中心或生态节点，中心或生态节点都是阶段性的，随着任务的完成而持续变化和调整。小团队可以通过项目制的方式，组建包含不同职能的团队成员，实现组织的高效、敏捷和灵活，从而打破科层制的各种弊端，激发组织活力。

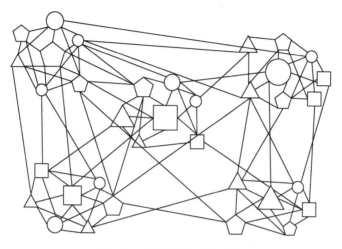

图6-3　小团队连接成大团队

组织"平台化＋小团队"模式的核心是打造赋能式大平台＋灵活自主小前端的敏捷经营组织系统，即组织大平台为小团队的发展提供资源和基础支撑，小团队可以更加敏捷、快速地应对市场变化。比如，海尔平台型组织转型是将集团企业打造成平台，成为"为员工创业提供服务"的孵化器，一线员工成立小微组织，直接面对用户，拥有决策权、分配权和用人权。华为的矩阵式平台为前端"铁三角"小团队提供全方位的服务和支持，"铁三角"直面用户，拥有决策权，可以根据市场和客户需求在权限范围内自主决定。这样的"平台化＋小团队"式组织激活了组织活力。

2. 扁平化

实现"平台化＋小团队"组织形式转变之后，需要减少组织层级，由八九层等多层级压缩到三四级，实现组织的扁平化。扁平化不是完全没有科层制，而是压缩、简化了科层制的层级，提高信息在组织内的流转效率。扁平化是激活组织的重要方式。

从图 6-2 可以看出，在科层制模式中信息在组织内流转需要突破层级，上下级之间以及用户和企业之间的信息传递会带来损耗，引起信息失真，企业很难全面掌握用户的真实需求。平台化组织可使企业内部员工形成自主经营体或小微组织之类的小团队，小团队与用户进行紧密的交流互动，信息透明共享，降低信息损耗，同时可以把内部团队、用户、供应商三方连接起来，形成利益共同体，以满足用户需求、实现用户价值为同一目标。

领先的企业都在减少企业层级，缩短管理者面向市场和用户的距离，提升管理者的决策效率。组织层级越少，信息损耗就越少，决策就会相对准确。组织扁平化之后，管理者数量减少了，层级变少了，打穿了"部门墙"，更少自上而下的命令，更多自下而上的协同，增强了组织的灵活性。

小米公司创业之初只有三个层级：联合创始人，项目领导和员工。海尔由传统公司向数字化转型过程中也在缩短层级，变为三层：平台主、小微主、小微成员。

美的通过转型变革形成"789"管理结构，即 7 个平台（物流平台、电商平台、售后平台、创新中心、金融中心、美的国际和采购中心）、8 个职能中心（用户与市场中心、产品管理中心、财经中心、人力资源中心、法务中心、企业发展中心、流程工厂、审计中心）、9 个事业部（家用空调部、中央空调部、冰箱部、洗衣机部、热水器部等）。通过"789"管理结构的调整，美的集团中的一位普通员工到董事长这个层面只有四级，从而实现了组织的扁平化。

扁平化组织打破了传统的科层制结构，所有员工的工作都是平行的，减少了层级结构，改变了科层制结构中凡事都由管理者做主的决策模式，授权、赋能员工，让每个人都能够独当一面，每个人都面向市场，根据市场变化做出相应的决策，让"人人都是自己的 CEO"，激活了员工活力。

3. 敏捷化

敏捷化概念是从软件程序开发中发展而来的，敏捷化代表了组织的一种状态和能力，即时刻根据市场变化快速做出反应。

敏捷化要求企业快速测试市场反应，根据市场反馈快速做出调整，不断迭代，不断优化，从而让产品和服务能快速获得用户认可。敏捷化是企业应对不确定性非常重要的一种组织能力，可以帮助企业快速把握市场需求，利用小成本投入，快速捕捉目标市场，避免大投入失败造成浪费。传统企业的管理者倾向于做详细周全的规划，然后按照规划去落地和执行，而数字化时代市场变化快，大多数规划在几个月后就不适用了，如果还按照原来设定的规划去执行，很难达到好的效果。所以企业要构建敏捷能力，要根据市场情况快速调整企业战略，保持战略和组织的动态性和敏捷性。

传统企业应该向互联网企业学习敏捷化的运营方式。敏捷性和小团队密不可分，敏捷的组织能力是基于"平台化＋小团队"的组织形式构建的。敏捷化要求用小团队去试错，通过小团队的高效率快速验证市场，获取市场经验和数据，基于数据快速做出判断和决策，即使出现失误，成本也在可控范围之内。

采用敏捷式的组织模式，团队规模小，通常是 6 ~ 10 人的团队，根据不同的业务模式来确定团队成员的规模。比如，做互联网项目，可以配置2～3个后台开发人员，1～2个web前端开发人员，1～2个产品经理，1～2个UI设计人员，还有1～2个测试人员，这些人组成了敏捷小团队。而对于开拓新市场的企业，同样可以从小团队入手。比如，2～3个业务人员，1个财务人员，1个人事行政人员，1个管理者，这就组建了一个完备的小公司团队，可以自己拓展市场，可以做财务预算，自己招聘人才，自负盈亏。即使小团队失败，6～10人的人工成本对于一般的企业来说是能承担的。

敏捷性是一种组织能力和执行方法论，企业在构建敏捷组织能力的时候可以使用以下几个工具和方法。

（1）MVP（最小可行性产品）

这是一种软件开发方式，更是一种精益创业的思维模式，通过最小化可行性产品的方式去验证市场。小团队在某种程度上也是一种MVP，用最小规模的团队、最低的人工成本去尝试拓展市场，捕获商机。

（2）内部敏捷沟通机制

站会，即站着开会。通常会议是坐着开的，一开就是一两个小时，站会时间短，能有效提高沟通效率。站会的形式是团队成员围成一圈，把遇到的问题、今天的工作计划、需要的资源支持在站会上说出来，既做到工作内容公开透明，又能及时提出问题，寻找解决方案和资源支持，大大提升了会议的效率和解决问题的效率。

"三会"，即早会、周会、月会。通过这三种会议形式，把日、周、月的工作目标和工作内容进行有效咬合，并细分到每天进行落地。通过早会的形式，对日工作进行敏捷化管理；通过周会的形式，对周工作内容和产出进行及时管理；通过月会的形式，对月度指标和完成情况进行复盘，为下月工作目标的制定提供依据。"三会"有效结合，从而保证工作内容和方向的动态、敏捷化调整。

（3）动态迭代机制

复盘。通过复盘，对过去一段时间的工作内容和工作成果进行总结和分析，沉淀出好的方式、方法，找到存在的问题；对好的方式、方法予以坚持，而对存在的问题后续要提供解决方案，从而推动工作不断前进。

PDCA。这是一个有效的迭代循环提升的工作思维方式，根据制订的计划（Plan），快速执行（Do），日常工作去落实工作计划（Plan），经过一段时间，如一周或一个月，定期回顾和检查（Check），进行分析和复盘，然后调整执行策略（Act），不断循环往复，优化提升。这也是动态敏捷的一种工作方式。

企业通过"MVP+PDCA+小团队"的方式，构建组织和团队的敏捷化能力。

4. 协同

数字化时代企业的组织形式变成扁平化、去中心化、平台化，如何提升平台组织和小团队的效率呢？这就需要平级自主协作或自下而上的自主沟通，这种形式被称为组织内的协同。

协同的基础是订立市场契约，即通过内外部企业的市场化契约推动内外部部门的自主协同合作，在组织内构建起基于市场化的、以满足用户需求为中心的顺畅的内部沟通机制和信息通路。协同也是量子组织非常重要的组织能力，传统的科层制是命令式、孤岛式的，各自负责职责范围之内的工作，而量子组织需要开放，需要做好工作的协同配合，将资源和精力有效汇聚，从而提高组织效率。

量子整体论的观点告诉我们，个体产生的运行效能和价值不如个体通过协同合作所产生的整体效能和价值那样巨大。比如，汽车零部件只有组装完成之后才能称为汽车，会产生每个零部件所达不到的效果，各零部件相互依赖、共同作用，朝着同一个目标和方向使力，才能达成汽车快速运行的效果。这就是协同的价值，也是量子组织与其他传统组织的区别，传统组织以命令指派为主，量子组织以协同合作为主。

数字化技术可以将协同价值最大化发挥出来，比如，可以通过邮箱、OA 等自动化办公工具，实现高效协同和信息的公开、透明化流转，每个人根据工作要求和自己的工作职责自主协同。

协同分为组织内协同和组织外协同（生态协同）。组织内协同分为部门协同、业务协同、技术协同、线上线下协同等多种协同方式。作为平台型企业，改变了传统的科层制指派式的管理方式，协同在组织内的价值就变得非常大，高效协同可以有效提升信息传递和实现项目目标的达成。外部协同就是搭建共创、共赢、共生的生态系统，将企业之间的竞争关系转变为合作关系。

组织协同过程中，通常是动态协同，即企业要立足市场，基于用户需求进行协同，保证组织运作的高效灵活。在协同过程中，团队自下而上自主协同，没有领导指派，要保证企业内部的协同高效，就需要在组织内建立合理的市场化契约机制。

如何实现组织内外部的高效协同？

企业内外部的协同，需要组织之间、部门之间、员工之间、小团队之间建立共同的价值观，坚持同一目标，以市场为导向，以满足用户需求和提高用户体验为目的，进行部门间、公司间工作的有效协作推进。

（1）明确企业目标，建立同一目标基础

首先各部门之间要有共同的战略目标，引导各部门朝着同一个方向前进。如果各部门之间目标方向不一致，就容易资源内耗，无法将各部门形成合力，所以，构建起组织内的同一目标是实现有效协同的基础。同一目标可以基于用户需求和用户体验来制定，比如，打造让用户尖叫的产品体验，提供超预期的物流配送体验，提供贴心暖心的售后服务体验。当各部门都以用户体验为同一目标的时候，在企业运营和服务过程中协同起来就很方便了。

（2）信息透明共享，实现跨业务跨部门高效传递

企业针对同一目标运营过程中出现的各种问题，要及时透明的在组织内部进行展示和分享，各部门可以采用先进的数字化工具，如微信、邮箱、钉钉、OA 等软件工具，让信息打破时空进行有效高速的分享；同时要确定好信息保密等级，明确哪些信息哪些人能看到。信息的透明分享，可以打破信息茧房和降低信息传递损耗，只有透明通畅的信息分享，才能群策群力，产生创新的火花，形成对市场、用户、需求的深刻洞察，找到最优的解决方案。

（3）组织内部明确的协助机制和监督机制

协作机制要求各部门在同一目标的引领下承担各自的职责，明确知道本部门需要与哪些部门进行沟通协同，明确知道各自的工作要求，做好与上下游部门和组织内外的配合。高层管理者要做好监督，出现问题要及时推进和解决问题，确保协同机制有效

执行。

（4）清晰的责权

清晰的责权有利于解决和避免协同过程中出现各种问题。管理者定义需要完成的任务以及谁对这些任务负责，并将决策权分配下去，进行合理适当的授权，这样会让协同更加顺畅。每个人都希望在一定的空间内发挥自己的聪明才智，并获得成就感。当清楚了每个人、每个部门的责任和权力，就能调动起员工的积极性，让管理更加简单有效。授权过程中，需要思考以下问题：授权的幅度和空间多大比较合理？对谁进行授权？过程中需要做哪些决策？主要的决策负责人是谁？什么情况下需要决策人做出决策？如何对决策进行管理和监督？如何让决策可以被追溯和优化？

（5）合理的激励机制

"无规矩不成方圆"，合理的激励机制是推动协同的润滑剂，通常激励分为物质激励和精神激励。在协作过程中，可以针对最终达成的结果的质量和贡献，采用奖金激励、晋升激励、涨薪激励、荣誉激励、学习机会激励等激励方式。协作过程是会产生各种成本的，各部门之间最好能以市场化的机制进行内部的协同推进，从而保证协同的高效。

5. 群策群力，自下而上

数字化时代，个人由企业组织上的一颗螺丝钉升级为网络上的一个节点，互联网的扁平化、去中心化拉平了层级和信息壁垒，拓宽了每一个人的知识边界和视野边界，每个人获取到的信息可能是不同维度的，所以要想更准确、更高效、更合理地做出决策，需要从多个维度、不同层面去丰富对事情的判断和认知，从而做出最佳的决策。个人的认知能力是有局限的，所以相关人从不同维度提出看法和意见，决策者再做平衡，这就是常说的"民主集中制"，先民主，大家集思广益，各抒己见，充分讨论，头脑风暴，再集中，根据大家的意见和建议，做出统一决策，从而提高决策的合理性，避免各种不确定性带来的隐患和弊端。民主集中制是一种很好的群策群力，自下而上，达成统一共识的方式。

保持开放可以有效激发个体活力和组织活力，激励大家群策群力，为企业发展贡献力量和智慧。对内部员工保持开放，让员工可以随时传递和表达自己的意见，建立主人翁精神；对外部用户保持开放，将用户纳入企业管理中，根据用户意见和市场反馈，对产品和服务进行动态调整和优化，通过跟用户的连接，将不确定性降低到最低。

组织通过开放文化建设，充分发挥员工的主导性、参与性，通过鼓励员工广泛参与组织事务，获得不同的观点和见解，形成群体智慧结晶。最有效的激发方式就是让员工参与决策，并让其感受到认同和成就感。

通过搭建群策群力、自下而上的开放文化，释放每个团队成员解决问题、业务创新的能力，充分认可个体价值，让每个人都贡献聪明才智，实现众"智"成城的效果。

如何做到群策群力，自下而上？

（1）建立开放的沟通文化

企业管理者要鼓励员工对企业建言献策，对日常的管理和运营提意见，通过营造开放的沟通文化，激发员工参与企业管理的积极性，培养主人翁精神。

（2）目标清晰，导向一致

让每一个员工都知道工作的目标和意义，都能从自己工作的角度出发，对日常工作和遇到的问题建言献策，努力通过自己的工作和建议，促成工作目标的达成。

（3）群策群力，自下而上自涌现

制定各种机制和政策，授权、赋能，激发员工的内在活力和主人翁精神，营造积极思考、自主自发提出解决办法和建议的氛围，群策群力，快速聚焦需要解决的问题。同时，给予每位员工发言权，员工可以通过各种反馈机制提出建议和意见，可以自主向上级领导反馈，让每个人都能发表自己的意见，进行头脑风暴或提交意见，鼓励员工自涌现。

（4）建立开放和谐包容的机制

管理者要有格局和胸怀，对不同意见有容忍度，不进行言论打击和事后纠察，对"同一目标"下的建议和意见，不论对错，都不对员工进行否定和打击，保持员工的主人翁精神和敢于向上沟通反馈的意愿，营造开放、和谐、包容的企业文化和氛围，鼓励员工自涌现。

（5）有效激励

对有价值的建言献策要给予合理的激励，可以物质激励和精神激励相结合，这既是对员工自主解决问题的褒奖，又有效保持了群策群力、开放沟通的企业文化。

6. 透明、共享

成功的压力可能来自内心，也可能来自上层，但最有效的压力常常来自监督，而信息的透明和共享可以达到更有效的监督效果。通过信息透明、共享，可以让组织内的每个人都及时了解不同人员的工作内容、工作指标、工作方向，从而跟自己的工作进行对照，确保方向和进度保持一致，并且形成群众监督效果。信息公开、透明、共享可以让公司保持沟通通畅，上下目标一致，节奏步调同频，带来良好的组织协同和高效执行。

企业在转型过程中，可以实现企业转型战略透明、企业阶段目标透明、考核指标导向透明、部门承接任务透明、绩效达成数据透明、问题纠纷矛盾透明、公司成本收益透明。通过透明化的信息展示，打破信息垄断和阻隔壁垒，让每一位员工都了解公司状况，参与公司的运营决策，配合协同，高效沟通。

四、案例：创造过亿人效的扁平化敏捷化组织

Supercell 是 2010 年在芬兰成立的一家手机游戏研发公司，公司采用"平台化 + 小团队"的扁平化、敏捷化组织形式，创造了人均产值超过 1100 万美元的纪录，成为全球人效第一的游戏公司。

Supercell 是如何取得这样的成绩的呢？

管理者的认知

Supercell 的 CEO 埃卡·潘纳宁曾担任传统游戏开发公司的 CEO，并在担任 CEO 的几年里，将传统游戏公司打造成一个科层制的自上而下的工作体系，即由一小部分管理者提出创意和想法，通过公司的多道程序进行审批和推动，每个人都是"被控制的"，没有自主权，公司流程冗长，效率低下，有典型的科层制组织弊端，让所有人和事都处于可控状态。以研发新游戏的审核

流程为例，研发团队需要通过很厚的文档来解释一款游戏的商业计划和前景，包括市场机会、竞争情况、未来发展前景等。这些文档的出现并不是为了创作一款好游戏，而是用于说服公司里所有的人都支持这个项目，包括从市场营销主管到销售人员再到财务人员都要认可并接受，项目立项才能通过。

潘纳宁意识到这种传统的管理模式对游戏开发来说可能是错误的。因为游戏研发属于智力劳动、创意行业，而不是流程化的秩序劳动，不管研发团队如何优秀、前期研发规划如何缜密，真正将游戏推向市场，未必能获得用户的青睐。

多年的游戏创作和管理经验让潘纳宁明白，实际上只有游戏创作者才真正了解游戏，也只有用户接受，才说明游戏是真的好，一线开发人员和最终的用户市场是最有说服力的，因此应该改变传统的科层制的决策和管理模式，对一线开发人员进行授权，让一线研发人员根据市场用户反馈的数据，自主决定游戏的生存和发展，将决策权让渡给一线开发人员。而创始人和管理团队的工作任务就是搭建平台，组建团队，为每一个职位招聘到最优秀的人才，为他们创造尽可能好的工作条件，做好团队服务和体系建设，然后任其施展才华。这样最优秀的人才有可能做出最大的贡献，而且没有什么可以阻拦他们创新。潘纳宁创立Supercell 公司后，决定采用新的管理模式来运营公司。

"平台化 + 小团队"的扁平化组织

潘纳宁发现，高质量的工作往往来自小团队，这些团队里的每一个成员都对自己的工作非常热情。通常情况下，当团队变大、做事情程序化的时候，科层制和官僚主义就会在公司内部盛行，从而阻碍了公司的创新与发展。

因此，潘纳宁决定尝试以开发者为主导的团队模式，把传统的金字塔式的科层制模式倒过来，让管理层打造团队并提供支持，而不是干涉他们，让多个团队同时进行游戏开发，内部采用"赛马"机制。

在 Supercell 扁平化的组织架构中，每款游戏都由一个小团队独立研发，研发团队完全控制游戏的研发进度，对项目有着超高的控制权，对游戏研发方向、项目是应该继续还是砍掉都有自主决策权，组织中靠的是速度和激情，而不是"控制"。

这些小型的研发团队在公司内部被称为"细胞"（cell），一个"细胞"通常只有 5 个人，最多不超过 7 个人。员工少而精，享有充分的权力，每个细胞都是一支"特种部队"。"Super"是共享平台，公司将各种支持部门整合成支持平台，为每个小团队的游戏开发工作提供必需的条件，如市场营销、人力资源、财务支撑、技术支持、客户服务、商务合作等，确保小团队将一切有效时间和精力投入到游戏开发中。小团队与共享平台之间是扁平化的关系（非上下级隶属关系），从而形成了"大平台 + 小团队"的组织形式。图 6-4 展示了敏捷小团队和共享大平台之间的协同配合关系。

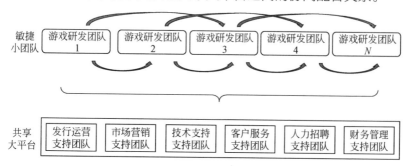

图6-4　"大平台+小团队"的组织形式

Supercell 为什么采用这样的组织架构？

在传统的游戏开发中，创意创造过程是一般自上而下的，管理者提出一个游戏开发需求和愿景，然后调配公司资源，推动下属去实现，下属根据管理者的要求和指示完成游戏的开发，这样自上而下的规划导致很多游戏不被市场接受。

游戏属于创意型产品。在量子力学思维认知下，良好的创意型产品是无法被规划和设计出来的，只能在动态发展中根据用户和市场反馈，不断修正、不断优化，才能获得成功。创意型的工作，需要一线的、优秀的开发人员根据市场反馈，独立且快速做出决策，将游戏带向成功。小团队能快速试错，迅速反应，且试错成本低。团队规模越小，越灵活高效。Supercell 设计的极度受欢迎的"部落冲突"游戏，其核心研发团队最初只有 5 名成员。伴随着游戏的走红，核心研发团队成员增至 7~8 名，负责对这款具有高度互动性的游戏进行持续更新和维护。而负责"部落冲突"数以百万计游戏玩家的客服团队也不超过 15 人。

小团队能够保持业务的专注性，增加团队成员的创新力和专注度，不被其他流程和事务打扰。如果一个团队只有 2 名程序员，他们就会努力用自己现有的资源做事情，反而能激发创新和快速做出取舍决策。"小团队 + 大平台"模式将公司的试错成本降到最低，同时大大提升了前端的敏捷性。

授权和赋能

潘纳宁创立 Supercell 时，希望能消除科层制的障碍，让一线员工能根据市场情况快速调整策略和方案，理想状况下，公司的游戏开发不需要管理者做出任何决策，一线研发人员自主决策，管理层不是自上而下的指挥者角色，而是服务者角色，为一线游戏开发小团队提供各种资源支持和协调工作。

出于这样的思考，潘纳宁建立了很多授权赋能机制，如减少内部游戏审批流程，游戏的开发方向、创意选择，甚至游戏的关停都由一线开发团队自主决定，管理者不干预。Supercell 将决策权授予一线研发团队，充分释放员工的聪明智慧和创造才能，给予员工充足的自由去尝试将与众不同的想法转变为现实，并且公司内具备极好的容错文化，比如，当某个游戏想法并未达到预期效果时，研发团队会采用开一瓶香槟庆祝此次"失败"的方式，消除员工因失败而产生的愧疚感。良好的容错文化激发了员工的创新力，让员工敢于创新、敢于尝试。

潘纳宁说，自己做的决定越少，参与研发的开发者就有越多的创意和决策空间。开发者自己做决定，决策就会很快落地，不用经过那么多人的审核。很多情况下，开发者做的决策往往更好，因为决策者是真正接触游戏研发的人，更了解游戏情况、更懂得玩家需求。作为 CEO 的潘纳宁，很多情况下都是最后一个知道相关决策的。

潘纳宁认为，创始人和管理层的唯一使命是聚集顶尖的人才，为他们创造最好的工作环境，给他们自由和信任，帮助他们解决各种工作困难，让公司平台成为人才产生最大效益的地方。潘纳宁为了激发员工的活力，制定了很多授权赋能机制，管理者把大量的权力让渡给一线员工。作为 CEO 的潘纳宁在项目中只有两项权力：审批一个团队的组建和审批一个游戏是否可以从 Beta 测试进入全球上线阶段。其他权力都下放给一线开发人员，每个项目除了决定是否上线推广这个关键节点，之前每一次的决策全是开发团队说了算。而管理者只对上线节点进行把关，在 Beta 测试阶段，根据真实玩家的留存和付费情况，来决策游戏是否值得投入大量的营销资源、客服资源，以及公司未来几年给予重点关注。整个开发过程，开发团队拥有巨大的自主权和决策权。

"海岛奇兵"和"皇室战争"两款爆款游戏在开始的时候都不被看好。比如，在"海岛奇兵"的一次决策讨论会上，所有游戏团队的主管和 CEO 都在会场，一共 10 个人，其中 9 个人想取消这个项目，唯一不想取消的是"海岛奇兵"开发团队的主管，因为他们团队仍然对这款游戏抱有信心，出于开发团队独立决策的原则，遵从了开发团队主管的意见，将游戏保留了下来，后来经过开发团队的运营，该游戏成为爆款。

"皇室战争"游戏早期也遇到了相同状况。刚开始很少有人觉得这款游戏能成功，后来因为开发团队的坚持，也将这款游戏做成了爆款。

敏捷性：动态试错，快速调整

游戏行业竞争非常激烈，游戏体验更新非常快，能被大量用户真心喜欢的游戏不多，游戏经常被用户抛弃。Supercell 的逻辑是：如果失败在所避免，那就快速失败。因此，快速测试、迅速验证、动态调整、不断优化就成为打磨产品、留存用户的重要策略。Supercell 多个游戏研发团队并行、一个游戏产品基本 3 ~ 6 个月的验证时间，根据用户数据和市场反馈确定是否继续加大资源投入，这样一年就可以尝试十几次，从而大大提升了游戏产品被用户接受的概率。

小团队开发，小团队试错，降低试错成本，资源投入和运营策略可以根据市场动态及时调整和转变，动态试错，快速调整，快速敏捷地把握市场机会，一旦确定正确的方向和目标，就可以全力投入、扩大战果。拥有充分授权的精简小团队可以高效灵活地开发产品，管理者对最终的资源投入和运营投放进行把关，保证公司资源有效投入。即使出现探索失误，成本也在可控的范围内。

小团队保持了组织的敏捷性，可以根据市场情况随时决定小团队的聚散，把资源集中到最有优势的团队和项目上。在Supercell，每个人都可以通过公司的共享平台对不同团队的游戏开发情况进行了解，游戏设计师可以根据自身兴趣自由流动，从一个团队进入另一个团队，将兴趣和能力结合起来，尽可能地发挥人才的价值。"皇室战争"这款游戏从理论构思到进入内测，很多人都对这款游戏充满了期待。为了加快游戏的开发速度，另一个游戏团队主动提出暂时搁置本团队的游戏项目，加入"皇室战争"研发团队。为加快推进公司项目，团队进行了调整，加快"皇室战争"游戏的上线进程，确保公司整体利益，这是组织敏捷性的一个典型案例。Supercell的成功并不只取决于某一爆款游戏或某一个出色的研发团队，更是源自团队之间的互通互联、信息共享、互帮互助、目标一致、动态优化、及时调整，用最好的资源组合拥抱市场和用户，抓住新的机遇。

在Supercell，如果某个开发人员有一个非常好的想法，那么他可以将该想法在公司内部进行路演和展示，如果其他研发团队的成员甚至企业外部人士有意愿加入该团队，那么团队负责人不需要获得上级许可即能组建团队，每个有想法的员工都能组建自己的团队。敏捷组织能聚能散的自组织属性在Supercell展现得非常明显。

群策群力，自下而上

游戏这种高风险、高竞争的业务，没有人敢说能准确把握市场需求，保证游戏项目成功。Supercell 依靠敏捷的小团队组织，通过授权和赋能的方式，让了解游戏功能和用户需求的一线团队自主决策，充分调动一线开发工程师的主动性和能动性，群策群力，自下而上，研发了很多经典游戏。

Supercell 的任何员工都可以提出新的游戏创意，每个员工都可以被其他人邀请帮助创造或完善新创意，每个人都可以在新游戏创意方面发挥积极作用，充分贡献每一个人的聪明才智。Supercell 的员工都明白，企业的目标是创造出能持续满足玩家需求、对用户有巨大吸引力的游戏。所以每个人都积极主动贡献想法，希望能开发出一款让用户长久玩下去的爆款游戏，任何想法和创意完全基于开发者的创意和市场的数据反馈，不受任何管理者意见的左右。

Supercell 一直保持群策群力，自下而上，授予一线团队充分的权力，哪怕是 CEO 的意见，在游戏开发过程中也不是最后的决定性意见。Supercell 充分保持了小团队的独立决策权，同时又能吸收大家的意见，集思广益，为游戏的开发提供支持。

信息透明、共享，数据驱动决策

透明、共享是敏捷组织有效运作的根基，是驱动组织内部高效协同的有效策略。透明、共享可以让每个人都了解工作的进度和状况，在协同和推进过程中更加主动高效。

在 Supercell，游戏开发过程和游戏上线运营数据的透明、共享，是最具开放性和透明度的一环。Supercell 内部的 KPI（关键绩效指标）是全透明的。研发团队自主决定创意和想法，自主设定项目目标。新项目在开发和测试之前，团队就要设定一个指标，如玩家留存、参与度，然后把这个目标告诉全公司的人。游戏进入测试之后，如果达不到指标，游戏就会被取消，完全基于数据进行决策。

Supercell 将从外部收集的各种信息向内部员工公开分享，每天都会公布公司的最新业务进展，让员工知晓游戏的运营数据：游戏吸引了多少新用户、每天活跃用户的总量、玩家每天玩游戏的时间、玩家在游戏上的投入以及玩家的回访率。这些运营数据所有人都看得到。这样的透明度让员工们对开发游戏所处的竞争环境有了共性认知，激发员工为提升游戏运营数据贡献聪明才智。通过公开透明的数据共享，让组织内部感受到市场带来的压力，同时也给团队的决策提供依据。

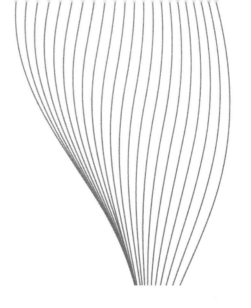

第七章

团队搭建：数字化转型的支撑力量

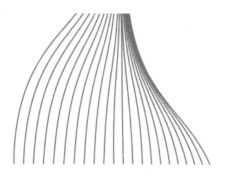

夫乘众人之智，则无不任
也；用众人之力，则无不胜也。

汉·刘安

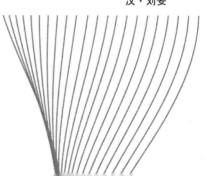

数字化转型，本质上是人的转型，是人的思维认知、知识能力、行为操作的转型。人是组成团队和组织的基本要素，人成功转型之后，团队也就成功转型，团队成功转型，组织也就成功转型了。团队作为企业推进业务和组织转型的重要落地和支撑力量，其数字化认知和数字化能力的强弱，将决定企业数字化转型能否成功。招聘符合数字化转型需要的人才，组建强干的数字化人才队伍，是数字化转型过程中管理者非常重要的工作。

企业管理者在推进数字化转型时，要对组织岗位、组织形式、管理流程和人才情况进行盘点，以便找到匹配的人才，设定合适的岗位，制定合理的考核，来推进数字化转型的具体落地。

一、数字化人才盘点流程

企业在盘点时可以按照图 7-1 所展示的 5 个流程环节来落地。

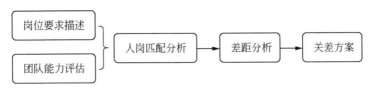

图7-1　数字化人才盘点流程

1. 岗位要求描述

先对企业数字化转型所涉及的岗位及岗位胜任力进行盘点。比如，企业是要推进数字化营销变革还是推进智能化生产转型，涉及哪些岗位，每个岗位的能力要求是怎样的。

2. 团队能力评估

对当前团队成员的能力进行评估，了解组织中每个成员的能力、经验、意愿、专业等。比如，高层管理者和中层管理者的数字化思维、数字化认知、数字化能力是否满足数字化转型的需要。

3. 人岗匹配分析

对当前团队成员、团队能力和岗位需求情况进行匹配，评估岗位是否合理、岗位数量情况、人员能力和数量。比如，是否有能承担数字化转型战略的高层管理者，是否有能推进数字化转型落地的中层管理者，是否有能满足数字化转型落地的执行者，这些人员是否满足企业数字化转型的要求。

4. 差距分析

对现有的企业高层、中层、基层的数字化人才能力进行分析，与企业转型所需要的数字化人才的岗位级别、人员数量、能力要求等进行对比，明确现实情况和理想情况之间的差距。

5. 关差方案

所谓关差，就是关闭差距，弥合差距。根据差距分析结果，制订数字化转型人才队伍和能力完善计划，补足人才，提升能力，弥合差距，组建合格的转型团队。

二、数字化转型对岗位及人才能力要求

企业在推进数字化转型时，要根据企业所处的数字化转型阶

段，对企业当前的岗位和人才情况进行盘点，根据转型需要，设定数字化岗位，制定岗位能力标准及胜任力要求。

企业数字化转型分为三个大的阶段：信息化、数字化、智能化。每个阶段所需要的数字化人才能力是不同的。

信息化阶段，主要是指公司内部信息化系统的上线和完善阶段，以系统功能和性能实现为主。该阶段对人才的能力要求主要是设计系统架构、规划系统功能、梳理业务流程、管控功能开发进度及质量、把控功能开发费用成本等。这个阶段要求管理者有较高的信息化系统架构与规划能力，较强的项目管理能力和较高的业务理解能力，能通过管理信息化人才，实现业务对系统功能和性能的需求，通过信息化系统，支持业务的快速发展，管控成本，达成目标。

数字化阶段，主要是指对信息化系统中的各种数据进行挖掘和应用，指导企业管理和业务运营。这个阶段主要需要的是数据应用能力，对数据进行收集、存储、挖掘和应用，赋能到所需的业务场景，通过数字化能力的提升和完善，助力企业业务快速发展。这个阶段要求管理者具备收数、存数、读数、用数的能力，构建和完善数据、逻辑、算法、算力等数字化底座基础，构建企业的"数据驱动"能力。这个过程需要尽可能多的获取数据，包括一方、二方和三方的数据，完善逻辑算法和模型，应用 Hadoop、spark、stream 等各种大数据技术，构建数据中台和数据仓库等，实现信息化到数字化的转变。

智能化阶段是在数字化的基础上，采用人工智能、机器自动学习等，优化逻辑、算法、算力、数据，构建自动决策能力。这个阶段管理者要把握技术的发展趋势，用智能化技术对企业的顶层架构、组织体系、流程模式、底层运行逻辑、商业模式、管理机制等进行全方位的重构，实现智能化、无人化。

企业数字化转型的三个阶段分别对应着不同的组织能力，需要不同的知识结构、打造不同的人才队伍。

数字化转型岗位及人才分级

企业的数字化岗位设置和人才需求，要与企业所处的阶段相关联，但不论企业处于哪个阶段，数字化人才一般分为三个维度，即数字化管理者、数字化应用人才和数字化技术人才。

1. 数字化管理者

数字化管理者是指推动企业数字化转型的高层管理者，一般包括首席执行官、首席信息官、首席技术官、首席数字官、首席战略官、数字化转型战略顾问、数字化商业模式规划师等顶层设计者，这些高层管理者需要对信息化、数字化、智能化有深刻的理解，能洞悉技术发展的趋势，了解数字化技术和业务结合给企业带来的优势，能基于当前企业现状制定合理的数字化转型战略及实施路径，能有效推动企业内部各部门的数字化转型工作。

数字化管理者的主要职责包括：规划数字化转型的战略愿景和达成路径；推动组织形式的变革；搭建数字化的人才团队；重构数字化商业模式；构建应对不确定性、积极拥抱变化、敏捷响应的组织能力。

2. 数字化应用人才

这类人才善于将数字化技术和业务进行有效结合，提高企业的管理效率和运营效率，推进公司的商业模式创新和流程优化。这类人才在公司内部可以担任产品经理、市场营销管理者、营销自动化专家、电商运营专家或从事互联网运营、用户运营、短视频营销、直播运营、智能应用等工作。

数字化应用人才的主要职责包括：业务场景需求与技术能力相匹配；技术与业务应用试点、推广、复制等；提升流程效率和消费体验，留住更多用户，带来更多销售和转化。

3. 数字化技术人才

这类人才是数字化系统和平台的建设人才，从软件技术、数据技术、智能技术、服务器、安全防范等各个维度，对数字化系统、平台的功能和性能、软件功能、逻辑、算法、算力等进行功能开发和性能优化，提升数字化工具的应用性。这类人才在公司内部通常是商业智能专家、数据科学家、数据分析师、大数据工程师、软件开发工程师、系统架构师、数据挖掘工程师、视觉设计师、逻辑算法工程师、数据库管理人员、服务器管理人员、数据安全和防护人员等。

数字化专业人才的主要职责包括：公司数字化技术的升级改造；数据和网络安全管理；提升营销、生产、研发、企划、销售、运营、供应链等全业务链条的数字化能力。

这三个层级的数字化人才需求，涵盖了企业数字化转型从高到低的人才需求和岗位配置，这些岗位包括了数字化转型的顶层设计岗位、业务应用岗位和专业技术岗位；企业在进行数字化转型岗位和人才盘点时，可以从以上三个维度评估企业当前的人才储备情况，明确数字化转型的人才缺口，为后续的人才能力提升和团队组建提供方向。企业数字化转型失败，其中很重要的一点是数字化人才的缺失，数字化能力有所欠缺。

数字化转型团队配置要求

1. 成立最高级别的数字化转型决策机构

数字化转型是一套非常复杂的系统工程，如果企业要把转型落到实处，就需要有强有力的组织把转型提升到集团战略的高度，由一把手带队推动，公司最高层全员参与。数字化转型的推进机构要高配，可以成立转型指导委员会或转型指导小组，建立由首席执行官牵头任组长、首席体验官任副组长的企业级数字化转型领导小组，从上到下，全员参与，全公司各部门全力配合，充分调动每一个人的能动性，才有可能转型成功。图7-2展示了数字化转型决策机构的架构。

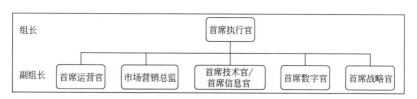

图7-2　数字化转型决策机构

数字化转型是对现有的组织模式、管理流程、运营方式、商业模式全面打破重构，涉及的面很宽、程度也很深，在破旧立新的过程中必然会触碰到传统模式中业务和管理者的相关利益，企业的发展方向、商业模式的架构设计、业务流程的变革重塑、用户体验的优化提升、部门之间的权责利分配，这些都需要一把手来设计、规划和决策，其他人是很难具备这样的全局思维和认知的。如果不由首席执行官来牵头、首席体验官来配合，那么其中的利益纠纷和权责边界很难界定，势必影响数字化转型的推进和效果。

2. 构建业技财融合的小团队运营模式

传统的科层制组织模式很难适应数字化时代企业的发展，数字化时代需要打破传统的组织模式和工作流程，建立敏捷、快速响应的小团队，团队中包含不同的岗位人才，形成复合型作战小团队。

小团队运作模式要求团队中包含技术人员、财务人员、业务人员、营销人员、人力人员等，要求团队成员既要有数字化思维、数字化知识，能熟练操作数字化工具，了解数字化平台规则，还要懂业务，能将数字技术和业务相结合，借助数字化工具和数字化平台进行内部业务的管理和提升。

可以将业务人员、技术人员、财务人员相融合，将技术、财务等职能支持部门人员前置到业务部门中，让技术人员、财务人员和业务人员联合办公，组成项目团队，业务人员牵头推进公司业务，技术人员提供数字化平台和工具的支持，财务人员做好财务管控，三者紧密配合，技术人员、财务人员随时了解业务的现状和需求，协助业务人员推动企业数字化转型目标的落地。

数字化管理者人才画像

企业数字化转型失败，主要原因之一是操盘和推动数字化转型的管理者大多是从传统团队转岗而来，没有数字化的能力和知识，其思维认知和工作经验都是传统模式的，很难适应快速响应、敏捷变化、试错容错的数字化时代要求。

一切业务和管理问题，归根结底是人的问题。

数字化转型需要怎样的数字化人才？数字化人才画像是怎样的？明确了数字化人才画像，企业就可以根据人才画像去招聘和培养数字化人才，组建数字化团队。

可从自驱力、认知力、胜任力三个维度描绘数字化人才画像，具体见表7-1所示。

表7-1　数字化人才画像指标

分类	指标维度	详细说明
自驱力	勇于挑战	敢于打破传统窠臼，破旧立新，探索未知事物
	成年人	有责任心和责任担当，不抱怨，主动解决问题，能信任和被信任
	主动性	具备内在驱动力，主动思考，并能带动周边同事一起思考和完成任务
	目标导向	极强的目标驱动力和自制力，有自驱精神
认知力	数字化思维	突破传统认知，构建数字化认知，用数字化技术重构业务和管理
	管理意识变革	利他，由领导意识转变为服务意识，授权、赋能，提供资源，帮助和支持员工成长
胜任力	资源整合	跨界合作，异业合作，能打造或融入生态体系
	技术能力	懂技术，明趋势，了解技术给业务带来的价值和发展趋势
	数字化知识	具备数字经济、数字平台、数字策略、用户习惯等方面的知识
	数字化经验	从事过数字化转型和变革项目，有过成功的经验
	业务能力	了解业务痛点、发展趋势、变革难点，能重塑方向

表7-1所列的内容可以作为数字化人才招聘和培养时的参考。数字化转型是一项长期、艰巨而又有挑战性的工作，需要招聘

合适的数字化人才，组建强大的数字化团队，经过长期的艰苦变革才有可能实现。

数字化转型是高智力工作，在转型过程中会遇到很多艰难困苦，需要推动转型的数字化人才有自驱力，具备主人翁意识，能够不断挖掘自己的潜能，敢于面对挑战，不断学习，突破自己的能力边界和舒适区。数字化人才需要不断学习、不断成长。

在团队组建过程中，选人是头等大事。选到合适的人才，后面的工作会事半功倍；选到不合适的人才，后面的工作事倍功半，甚至起到负面作用。企业在招聘数字化人才时，根据人才画像去匹配人才，更容易找到所需的人才。京东将人才分为五类：金子、钢、铁、废铁、铁锈，这是基于价值观和能力进行区分的，这也是一种人才画像。华润的人才画像包括12个维度，6个硬性条件、6个软性条件。硬性条件包括年龄、学历、身体、家庭、经历、技能，软性条件包括团队、学习、激情、创新、态度、领导力。这些优秀的企业都在通过人才画像匹配和招聘合适的人才。

三、管理者数字化领导力要求

根据人才画像维度和要求，数字化时代的管理者应该具备怎样的能力，才能满足企业转型的需要？企业管理者分为高层管理者和中层管理者，层级不同，对应的岗位职责和要求不同，所需的数字化能力和数字化领导力也不同。

管理者数字化领导力底层逻辑

企业在推进数字化转型时，需要管理者提升自己的领导能力，更新自己的思维认知和底层逻辑，突破传统的领导模式。图 7-3 给出了企业管理者数字化领导力底层逻辑的更新方向。

认知变革
•量子思维替代牛顿力学思维
•亦此亦彼，波粒二象性
•多态性

概率论
•不确定性
•相关性而非因果性
•灰度管理，敏捷响应

用户导向
•解决用户需求，提供价值
•利用技术，与用户零距离
•紧盯市场而非企业内部

数据驱动
•利用数据挖掘价值
•数据与产业的结合

容错机制
开放、多元、试错、迭代

平台思维
•授权赋能
•员工参与，聆听一线的声音
•协同

图7-3　管理者数字化领导力底层逻辑

管理者数字化领导力的提升有很多维度，笔者从众多维度中筛选出六个重要的通用维度。

1. 认知变革

数字化时代人们的认知逻辑发生了变化，不再是基于牛顿力学思维下的分工论，而是基于量子力学思维的整体论，管理者看待世界的思维范式要转变，要用量子力学思维代替牛顿力学思维，认知世界的底层逻辑要随之改变。管理者要能理解和接受亦此亦彼、波粒二象性，要从波和粒子两个状态看待市场、看待员工、看待用户，要用发展的眼光、用未来的思维看待现在和未来。不管是员工还是用户，既是粒子也是波，既有点的状态也有线的状态，既需要看到员工的现状，也要看到员工的过去，展望员工

的未来；要认可员工的多样性、多态性，员工既是员工也可能是
KOL，员工在不同的环境下、不同的场景下身份不同，可能会爆
发不同的能量，因此要用多态、发展的眼光看待员工和用户。

2. 概率论

随着数字化技术的快速发展，各种信息呈现爆发式增长，更
多、更杂、全量样本是数字化时代的重要特征。世界充满了不确
定性，事情的发生与否不是绝对的，而是相对的，是一个概率事
件。大数据技术的发展和应用，打破了传统时代的"绝对论"和
"因果论"，变成了"概率论"和"相关论"。事情的发生依托于
概率，事情因为关系而发生变化，数据分析由样本变为全量，决
策不再是绝对化的，而是相对的和概率性的，决策依据业务或事
件发生的概率来做判断。概率让事情变得不再是非黑即白，非此
即彼，而是有过渡和缓存。华为应对这种认知变化的管理方式称
为灰度管理，即一个清晰的方向和决策是在混沌中产生的，是从
灰色中脱颖而出的，而方向和决策会随着时间和空间的变化而改
变，会变得模糊，成功与否充满了概率和不确定性，这就要求决
策和应对要敏捷，快速响应，试错容错。

3. 用户导向

数字化时代要求管理者紧盯用户，以用户为中心，基于用户
需求做出各种决策，而不是以企业为中心进行思考和决策。获取
尽可能多的用户资源，满足不同用户的个性化需求，提升用户的
消费体验，增加用户满意度和复购率，成为传统企业数字化转型
的方向和目标。用户成为企业的重要资源，为用户创造价值是企

业创新变革的核心驱动力。企业解决用户痛点，为用户提供差异化的价值，才有可能在激烈的竞争中打败竞争对手。京东给用户提供极速物流配送体验。唯品会给用户提供品牌特卖，让用户买到低价正品。拼多多通过低价拼团，让客户享受低价红利。这些特殊的价值点，让平台获得了大量的用户，通过为用户提供良好的用户体验和感受，平台获得了长足的发展。直播带货中的头部主播，也是因为庞大的用户基数，才有了巨大的销售额。用户导向是企业数字化转型的指南针。

传统企业一般离用户和市场比较远，很难接收到一线用户的声音，而数字化技术让企业与用户直连，缩短了企业与用户的距离，用户的诉求和需求可以直达企业，企业可以根据用户的需求变化及时调整策略。

用户导向要求企业在研发、企划、生产、销售、配送等全流程环节围绕着用户进行创新和变革，将着眼点从企业内部转到企业外部，紧盯用户和市场变化，基于用户需求和痛点进行产品和服务的研发、设计和提供，改变传统企业闭门造车的生产、研发模式。数字化转型需要让企业与用户之间零距离，要让用户参与到企业运营和营销的全环节，建立企业与用户的紧密关联。

4. 数据驱动

数据是数字化时代的核心资产和核心生产力，数据作为新的生产要素，能给企业带来巨大的价值。数字化时代一切事物（包括人）都具备二重性，都有物理属性和数据属性。虚拟世界和现实世界通过数据实现了连接。通过数据分析和挖掘，可以发现企业运营和管理过程中的问题，找到改进的方向。同时，数据可以预测未来，让决策更加精准。挖掘数据价值，基于数据做决策，是企业管理者必备的能力。"数据驱动"也是传统企业数字化转型要重点构建的企业能力，收数、存数、读数、用数是数字化时代企业管理者的重要能力。数据与业务的结合，数据与产业的结合，将会给企业和产业带来巨大的变革。

5. 容错机制

数字化转型过程中，需要破旧立新，探索新业务，规划新模式，研发新产品，拓展新市场，制定新流程，这些都需要走出舒适区，探索未知，在这一过程中必然产生问题，造成错误，带来损失。如果没有开放包容的文化，没有试错容错机制，员工就会束手束脚，不敢尝试和探索，这样很难带来新的突破。数字化转型要求企业管理者建立开放、包容、试错、容错、敏捷、迭代的机制和文化，鼓励员工勇于探索，不断尝试，不以短期成败论英雄，立足长远目标，不断探索，总结经验，在迭代中勇敢前行，给予员工更多的包容和机会，构建试错容错机制，激发员工的潜力和动力。

6. 平台思维

数字化时代的企业可以转变成平台，而不是封闭的主体。企业可以打开边界，吸引外部的资源和能量，企业不再只依赖内部员工来解决问题，而是可以连接和整合外部资源，解决企业员工解决不了的问题。张瑞敏有句话："世界是我的人力资源部。"拓展思维边界，打开企业边界，很多问题就不再是问题。企业转变成平台，平台的职责变成给员工赋能，管理者也要转变思维，采用授权、赋能的方式帮助员工成长；平台型企业的员工不再是单纯接受指派和命令的雇员，而是变成有自主创新精神的创业者，员工要参与到企业管理中，要聆听一线用户的声音，积极建言献策，充分发挥员工的聪明才智。平台化企业要求员工和团队之间以协同为主，通过协同快速达成一致，把握市场机会，共同实现企业目标。

数字化时代改变了管理者领导力的底层逻辑，但高层管理者和中层管理者因为职务和职能的不同，在领导力方面也有所差异。

高层管理者数字化领导力要求

高层管理者作为数字化转型战略的制定者和推动者，需要站在更高的维度来看待和理解数字化发展趋势和企业数字化转型战略，展现出比普通领导者更高的数字化素养和数字化领导力。企业高层管理者除了需要具备传统领导力，还需要具备数字化领导力，能领导企业顺利实现数字化的转变和升级。

高层管理者的数字化领导力包括以下几项。

- 洞悉数字化发展趋势的能力；
- 应对不确定性竞争的能力；
- 面向未来创造商机的能力；
- 制定数字化发展战略的能力；
- 领导企业数字化转型的能力；
- 拥有自愿被追随的非职权影响力；
- 构建组织数字化竞争优势的能力；
- 储备数字化人才梯队的能力；

- 营造数字化企业文化的能力。

数字化时代的企业高层管理者需要具备以上九种领导力，才能很好地领导企业进行数字化转型，应对和解决转型过程中出现的各种问题，将企业带向远方。

高层管理者要想提升自己的数字化领导力，需要构建"七力模型"。

洞察力。能深刻洞察宏观数字经济、数字产业、数字技术发展的方向和趋势，并做出正确的预判，让企业顺应数字化转型的大潮，并通过数字化转型实现企业的第二曲线增长。

掌控力。数字化转型涉及企业的方方面面，对管理者的战略定力、魄力、决心要求很高，要能有效推动企业数字化转型战略的规划、分解、落地、执行，推进各部门之间的配合协同，掌控转型节奏，把握进度和方向，避免转型出现波折和夭折，不为外力所扰，敢于决策，敢于承担。

学习力。数字化转型过程中会遇到各种问题，包括思维、技术、营销、管理、组织等各方面的问题，作为企业的高层管理者，要具备极强的学习力，及时了解新兴的技术、新兴的商业模式，了解组织形式变革，了解企业转型过程中的各种问题和应对方案，在变革中学习，在学习中应用，通过学习快速找到解决问题的方案。

数读力。数字化时代，数据是企业的核心资产，数据能让管理者透过现象看到本质，将数字化转型过程中的各种不确定性变得相对确定。构建数据驱动企业决策和变革的能力，基于对数据的解读、挖掘和应用，发现企业运营和管理中的问题，并基于数据做出合理的决策，是企业高层管理者非常重要的能力。

影响力。数字化时代的员工都是知识型员工，眼界宽、知识储备多、见识广，在各种事情上都有自己的主见，不随波逐流、不人云亦云，这就需要管理者具备强大的非职权领导力，能通过个人魅力和影响力聚集一批能人干将，组建起强大的人才队伍，凝聚人心，激发员工，朝着共同的目标前进。

重构力。传统企业和数字化企业在底层逻辑上是有本质差异的，是组织基因和管理基因的差异。企业推进数字化转型时，要对传统的管理模式、运营模式、组织模式、商业模式、营销模式、生产模式、研发模式、人才团队等进行全方位的重构，去科层制、去中间层、去中介化、去中心化、去边界化，管理者要能破旧立新，重构企业运营模式和管理模式。

重塑力。数字化转型需要管理者打破传统企业文化，打破传统思维模式，打破传统认知体系，重塑员工思维模式、行为模式、沟通模式，重塑企业文化，重构企业硬件基础，重塑企业的软性能力，重塑企业的核心竞争力。

中层管理者数字化领导力要求

作为企业数字化转型承上启下的枢纽岗位，中层管理者对数字化的理解程度，也在很大程度上影响着企业数字化转型的成败。

中层管理者若要很好地承接集团的数字化转型战略，需要从下面五个维度来提升自己在数字化方面的认知和理解，从而保证自己有效承接集团战略。

战略同频。中层管理者要能理解高层的决策思路，理解转型战略，跟高层管理者思路一致，思维同频，有效做好转型战略的承接、拆解细分和方案落地，实现高层战略的有效承接和战略思维的解码，带领团队强力推动数字化转型工作的落地。

目标牵引。中层管理者以转型目标为牵引，将团队工作内容和转型战略紧密结合，根据企业转型战略，有效分解数字化转型工作计划，设定好每个阶段的数字化转型工作内容、工作考核标准及指标数据，通过目标管理，制定合理的目标策略，推动组织转型。

高效执行。数字化转型难度大、周期长、窗口期短，要想发挥数字化转型效果，需要高效落地执行，打造数字化转型团队的强执行力，将数字化转型战略落实到每个环节和每个步骤。

敏捷调整。数字化转型过程中，中层管理者要能根据工作进展、市场变化和用户需求，及时对转型工作内容和方向进行调整，快速反应，不断试错，敏捷调整，确保转型工作被一直有效推进下去。

用结果说话。数字化转型一定是以结果和效果为导向的，要根据转型结果来评判贡献和付出，改变之前的"没有功劳，也有苦劳"的观点。中层管理者要能带领团队获取结果，将数字化转型的价值发挥出来，有效承接数字化转型战略的落地。

中层管理者在数字化转型过程中主要承担以下工作职责。

打造以用户为中心的流程体系。通过推进数字化转型，将以企业为中心的流程转变成以用户为中心的流程，站在用户的角度思考问题，建立快速响应、用户参与的流程体系，让用户参与到企业研发、生产、销售、营销、配送、售后的全流程中，变串行流程为并行流程，每个节点都能及时获取和捕捉用户需求，满足用户需求，缩短企业与用户的距离。

引入新兴技术，支撑企业转型变革。紧跟技术发展趋势，把握技术的特点和优势，将技术和业务紧密结合，业技融合，业财一体化，通过新兴技术的使用，有效提升企业的管理效率。

构建个性化的用户体验。结合数字化技术，重构消费者的消费旅程，为消费者提供良好的、个性化的用户体验，提升消费者对公司和产品的品牌认知和口碑。

构建"数据驱动"能力。完善技术底座和数据平台，收集和存储业务运行中的各种数据，优化逻辑、模型、算法、算力等技术的应用，深挖数据价值，提升企业对数据的解读和应用能力，为企业高层管理者决策提供数据支持。

数字化团队的搭建和管理。中层管理者是数字化转型的中坚力量，是数字化转型战略的践行者和推动者，中层管理者需要组建和管理一支强有力的数字化技术团队，凝聚人心，提升执行力，带领团队有效承接数字化转型战略。

推动和践行管理方式的变革。改变传统的管理方式，采取激发、利他、授权、赋能的管理方式，帮助员工成长，快速实现组织目标。将原来的指派式、命令式、封闭式、官僚式、长规划的管理方式，转变为开放式、共享式、协同化、敏捷化、迭代式的管理方式，快速响应市场和用户需求，有效把握市场机会，建立数字化的团队管理方式和执行文化。

四、团队的组建及管理

数字化企业要求人才是复合型的，要一专多能，既要有极高的专业能力，又要有一定的通用能力，既懂业务，又懂技术。数字化时代的管理者，要具备创业创新精神，时刻保持自驱和自燃，给团队带来动能。

传统企业的数字化转型，很大程度上受制于数字化人才的缺失，传统企业需要对人才能力和知识进行重构，对传统岗位及职能进行调整，取消或变革岗位职能，让具备数字化知识和能力的员工来承担相关岗位和职责。数字化时代的知识需要不断更新，软件工程师、大数据科学家等数字化时代的热门职业每 12 ~ 18 个月便需技能重建。时代的快速发展，知识的快速迭代，需要组织做好人才梯队管理和人员能力培训提升，让员工的知识和能力匹配组织转型的需要。

数字化人才梯队建设

"快"是数字化时代非常重要的特点，市场的变化非常快，知识的更新和迭代非常快，人员的流动也非常快。要想保证数字化转型成功，需要搭建数字化人才队伍，有合适的人才梯队。管理者要能选到合适的人才，要能留住团队中的人才，做好不同层级的人才储备，当有岗位空缺时，有合适的人选能迅速补充上去。管理者在组建团队时，可以从选、育、留、用、汰、借、储七个方面进行人才储备和梯队建设，满足数字化转型的人才需求。

企业在组建人才梯队时，要制定合适的人才机制，从企业需求、人员能力、员工职业发展三个维度进行匹配，实现制度留人、岗位留人、事业留人、情感留人等，保证团队稳定，推动业务快速发展。

1. 人才梯队建设的 4 个原则

人才梯队建设遵循下面 4 个原则，有利于企业快速搭建完善的人才梯队。

首先，根据发展规划确定人才梯队需求。针对数字化转型需要和未来 3～5 年发展规划，确定企业岗位需求和人才胜任力模型，立足当下，着眼未来，搭建企业未来发展所需的人才梯队。

其次，关注重点岗位、重点人才所需的重点能力，对当前在岗管理者和重点培养的人才进行评估，对照岗位胜任力模型，明确能力短板，制定合理的能力提升策略。

再次，选苗重于培育。前期选择合适的人，比后期对员工进行培养更加重要。对合适的人进行培养，会加速其成长；对不合适的人进行培养，效果会不尽如人意，事倍功半。因此，任命匹配岗位需求的合适人才，可为企业节省大量的培训资源和培训费用。"江山易改，本性难移"，改变一个人的秉性是非常难的，而选择一个其秉性匹配岗位的人，适应周期和磨合周期会比较短，有利于缩短价值产出的时间。

最后，内部培养和内部晋升为主。外来的人虽然会带来一些新的想法和思路，但对公司的组织和文化，不如内部的人熟悉，而且稳定性不如内部培养起来的人。很多外聘的高管不能很好地适应公司文化，都相继离职，而从内部成长起来的管理者对公司更加认同，稳定性也更高。关键岗位从内部选拔，既有利于维护团队的稳定性，激励员工，又能让员工快速融入团队，尽快提供价值产出。

2. 人才梯队建设路径

企业在组建人才梯队时，可以参考如图 7-4 所示的流程，对人才梯队进行规划和设计。

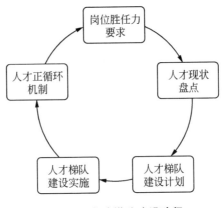

图7-4　人才梯队建设路径

第一步：明确数字化转型所需的岗位及岗位胜任力要求，搭建岗位胜任力模型绘制人才画像。

第二步：人才盘点，明确人岗差距和人才梯队现状。根据岗位需求以及人才画像，对当前的数字化人才进行能力、态度、发展潜力、职业发展规划等维度的评估，明确岗位需求和人才缺位，厘清需要重点储备的人才，甄别出有发展空间的高潜质人才，对当前团队的人才结构、人才储备现状等进行梳理。

第三步：根据人岗差距现状，制订人才梯队搭建计划，如确定团队组建周期、团队组建方式（内部培养、外部招聘、生态内转岗），形成完备的人才梯度，为业务的快速发展储备人才。

第四步：推进人才梯队建设。通过内部培训、在岗锻炼、教练指导等，在企业内部进行人才培养和人才选拔；通过外部招聘和生态内转岗，寻找到行业内专家和资深人士，快速补助岗位欠缺能力。通过内外部相结合的方式，快速构建人才梯队，做好人才储备。

第五步：建立人才正循环机制。打造学习型组织和开放型组织，加强对人才的吸收和培养；定期对人才进行选拔，后备人员顺利补位；给予人才合理的薪酬激励和成长激励，实现人才正循环，发挥人才的价值和能量。

优秀的企业都在增强自己的人才梯队建设，确保企业一直有满足需求的人才在岗或后备。

海尔内部采用鲶鱼效应，让每个关键岗位都有"一条鲶鱼"对当前在岗人员起到压力倒逼作用，确保在岗人员一直提升，或者有人员变动时，"鲶鱼"能马上补缺，从而保证公司正常运转。

京东采用继任者计划搭建人才梯队。京东的继任者计划要求总监级以上管理者，现岗一年需要培养出接班人，每个总监、副总监以上的管理者，在同一个职务任职两年的时候，必须指定一个继任者做备份，而且这个继任者必须经过刘强东和人力资源部门的认可才算合格。通过继任者计划，京东搭建了多层次的人才梯队。

海尔和京东分别用鲶鱼效应和继任者计划建立了人才储备和人才梯队，避免了人员流动带来的岗位胜任者问题，从而确保组织能一直有序发展下去。

数字化人才晋升通道建设

企业需要有合理的晋升通道，才能保证人才队伍的稳定，降低人才流失。华为、海尔、阿里等顶级企业都有双轨制人才成长通路，员工可以根据兴趣，做管理者或做行业专家。管理者以沟通、协调、管理、推进为主，需要有较强的人际沟通能力和决策能力；技术专家主要专注于技术攻坚，解决技术难题，要有较高的技术实力。两条成长通道，只是工作内容和职责不同，相同级别所享受的待遇和福利是一样的，所拥有的权力也是一样的。员工的成长晋升通道如图 7-5 所示。

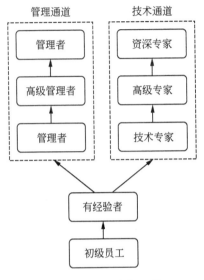

图7-5　员工成长通道

人才的培养需要时间、需要规划。企业真正实施有利于数字化人才培养的机制是将业务和数字化部门人员的职业发展道路打通，即业务人才可到数字化部门任职，数字化人才可以领导业务部门。数字化转型需要复合经历、多元思维，将职业通道打通后，有利于员工经历不同的岗位，获取多元的经验和能力，具备多元思维，更有利于数字化转型事业的推进。这需要一个长期的培养机制，一般高层的人才交流试错成本太高，需要从中低层人才开始培养、选拔、轮岗、晋升，这个周期一般需要5～10年的时间，才能筛选出带领企业顺利转型的管理者。

团队的组建方式

企业在推进数字化转型时，离不开优秀的数字化团队。传统企业因为本身的局限性，在数字化人才队伍组建时，要充分利用

好图 7-6 所展示的选、育、用、留、汰、借、储 7 个方式，组建
企业所需的数字化转型团队。

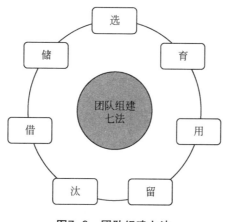

图7-6　团队组建七法

1. 选——选到合适的人，将会事半功倍

选一个跟岗位非常契合和匹配的人，会提升团队的稳定性和
效能，让数字化转型工作达到事半功倍的效果。选出一个跟岗位
非常匹配的人才，会大大降低后期的培育成本，迅速带来价值产
出。若选择了一个跟岗位不匹配的人才，后期培育就需要付出更
多的时间、资源和精力。评估岗位候选人时，要从其过往经验、专
业能力、性格爱好、态度秉性等多方面进行人岗匹配评估。企业要
推动数字化转型，最好是由有数字化经验的人来操盘，而不是将
传统岗位的管理者转岗过来。因为这是两种岗位，需要不同的知
识结构和项目经验，传统管理者需要在管理经验、知识储备、思维
认知方面进行改变，才能满足数字化转型的需要，否则会影响转
型的效果，错失时间窗口。

公司在筛选人才、人岗匹配时，可以根据岗位人才画像，结合性格心理学，对候选人进行专业度、胜任力、性格等全方位的评估，确定候选人是否胜任岗位需要。

企业在招聘人才和组建团队时，可以遵循以下几个原则。

（1）内外结合原则。以下内部招聘和选拔为主，以下外部招聘为辅。当出现岗位空缺时，公司可以优先从内部选拔符合岗位需要的人才；当相应岗位内部人才供给不足时，再选择外部招聘，为内部人才的成长和晋升提供机会。内部选拔的人才会在价值观、企业文化、内部流程、部门协同等方面比从外部引入的人才更有优势，能更快地适应新的岗位，降低潜在风险，同时能增强员工的归属感，鼓舞士气，形成稳定的团队。

（2）人才本地化原则。不同的区域、不同的国家有不同的风土人情和世俗文化，人才本地化能更快地让公司融入当地，打开市场。华为、小米、华润、海尔等公司都使用人才本地化原则，快速组建当地的人才队伍。作为一个全国性或国际性的公司，为保证人才的区域适应性、团队的稳定性和长期发展，在选聘人才时应该着重考虑当地人才的适配性。

（3）最佳匹配原则。招聘和选拔时，要结合每一个人的经验、能力、兴趣、爱好、职业规划，进行合理的人岗匹配，将最合适的人才放到最合适的位置上，让人才价值最大化。内部调岗时，要重点关注最佳匹配原则，要考虑该员工的经历、专业、能力、知识、思维是否匹配岗位需要，而不是选择自己熟悉、亲近的人，避免所选之人不符合岗位需求，增加后续培养成本，甚至影响转型效果。

2. 育——培育好人才，将会让业务更稳固

良好的人才培养机制可以让团队更加稳健。公司通过有效的人才培养机制，可以让员工快速成长，担负重要岗位，同时还能吸引更多优秀的人才。公司业务的快速发展和数字化转型创新业务的探索，需要大量的数字化管理人才、技术人才和运营人才。完善的人才培养和成长路径，可以让团队梯度更加合理，精兵强将适配岗位，让业务更加稳定。

培育人才，发挥训战结合的培养机制，内部转岗、外部培训、外部专家交流、外部企业参访、实战炼队，这些形式都可以加速提升队伍的成长。

企业进行人才培养，可以参考下面的方法。

（1）在职指导。明确岗位职责和岗位内容，在上级主管、老员工或指导老师的传帮带下，让新员工尽快熟悉工作内容和工作环境，快速掌握工作技能；对于高层管理者，由老的管理者扶上马，送一程，让新晋管理者快速适应新岗位。京东内部就通过"京小东30天成长记"的机制，让新员工快速了解和融入京东；通过"高管转身计划"，帮助新晋管理者快速融入京东文化，掌握京东业务，快速实现业绩突破。

（2）培训。培训是快速进行知识和技能传递，让员工和管理者快速成长的有效方式，很多企业有自己的培训机构，借助完善的培训体系，可以让员工快速掌握工作技能，提升个人能力。另外，企业也可以跟外部培训机构和高校商学院合作，包括技能培训和学历提升等，帮助员工快速成长。通过培训，快速帮助员工补齐短板，提升思维认知。

（3）轮岗。通过公司内部轮岗，让员工接触不同的岗位和业务，了解不同的岗位和业务需求以及运作情况，使员工积累多业务板块的工作经验，建立多维度、多职能的思考习惯和思维方式，储备复合型人才。

（4）项目实战。实战是最有效的锻炼能力的方式，给员工参与公司项目的机会，让员工在干中练，通过一个个项目的锻炼，员工在实战中经历挫折，不断改进提高，快速提升员工技能和积累经验。实战是对员工最好的锻炼和激励，也是员工能力提升最快的方式。

（5）扩大职责。给予相关员工和管理者更多的信任和锻炼机会，基于员工和管理者的能力和价值贡献，以及为了提升和锻炼其某方面能力，可以适当扩大其工作范围，让其承担更多的责任和工作，接受更多的挑战，锻炼其某方面的能力，扩展其能力边界，提高管理者和员工在工作中和公司中的重要程度。

（6）复盘。复盘是非常好的总结提升方法。通过复盘，可以了解到项目或工作推进过程中存在的问题，利用反思、总结、提炼、沉淀、提升等技巧，可以将经验转化为能力，提升后续事情的成功率。

（7）标杆学习。"它山之石可以攻玉"。对标优秀企业，他们的成功经验和遇到的困难及挑战，对其他企业的管理者都有借鉴作用。学习标杆企业如何制定战略、如何决策、如何搭建组织、如何变革管理，可以开阔视野和眼界，提升认知。

（8）向高人学习。"三人行必有我师。"公司内外部都有高人。作为企业管理者，要打开思路，拓展人脉，拓宽认知边界，向行业内的大师、专家、教授、顾问和企业教练等学习，提升员工的思维认知、管理能力和变革能力。

3. 用——人岗匹配，人尽其才，转型更容易成功

用人之长，避人之短，人尽其才，人岗匹配，是用人的基本原则。用对人才可以让企业转型更容易成功。

人岗匹配时，既要"相马"，又要"赛马"。所谓"相马"，就是通过对管理者和员工的经历、学历、能力、专业、成绩等进行评估，对照岗位胜任模型和人才画像，选出满足岗位需求的合适人才。"赛马"是指在用人过程中，对比人才的价值贡献和产出，以价值贡献和产出为晋升和激励标准。"赛马"机制下，管理者和员工能上能下，人岗匹配更加合理。在"赛马"过程中，有可能之前通过"相马"选出来的人才会被淘汰出局。"赛马"机制要求公开、公平、公正，数据透明、机制明确，用结果说话。

"赛马"机制可以有效提升团队活力。比如美的集团，哪个事业部在研发、制造、销售、管理方面有创新，就会在内部进行分享，跟其他事业部交流；在月度经营分析会上，公开展示各事业部的运营数据，那些业绩不好的事业部团队看到别的事业部超额完成目标，会感觉到无形的压力，通过外在压力激发他们的内在动力。美的集团能上能下的机制，给管理者带来很大压力，每年的9月、10月都是美的各级管理者最紧张的时候，因为到了第三季度，如果判断个人年度责任目标没有达成，很有可能就会被调整。这样的"赛马"机制让每个管理者时刻都有压力，事业部之间互相学习与竞争，主动对标集团目标，甚至提出高于集团期望值的新目标，这样的公开透明、分享机制和"赛马"机制充分激发了各经营团队的积极性。

用人时要疑人不用，用人不疑，给予管理者和团队充分的信

任和自由。前期界定清楚每一个管理者的职责边界和权力边界，边界范围内合理授权，充分信任，管理者自主决策，承担责任。同时对员工进行赋能，调动平台资源，帮助员工成功。

管理者要学会用人，人尽其责，人尽其才，让人才充分发挥价值，推动数字化转型的成功。

4. 留——留住人才，稳定团队，会让转型持续推进和成长

数字化转型需要高素质的数字化人才队伍。人力资本是公司的核心资产，用好人才、留住人才是转型成功和企业发展的基石。企业找到价值观匹配、能力满足企业发展需要、能同舟共济的高素质人才是非常不容易的。可以用下面几种方式留住人才、稳定团队，助推转型快速发展。

（1）**制度留人**。良好的管理制度是公司健康发展的重要保证，优秀的企业一定是建立了一套优秀的管理制度的。通过建立良好的激励机制和晋升机制，让优秀的人才有合理的晋升空间和发展通道，更容易让人才留在公司。

（2）**事业留人**。数字化平台和数字化工具的发展，让个人价值最大化成为可能，个人不再是公司机器上的某个零部件，个人的事业心和自我实现需求得到释放，企业为了留住人才，可以采用因人设岗和因岗寻人并重的方式。跟一群高素质的人才一起共事，共同解决一个难题，共同创造一份事业，是对有理想、有追求的高素质人才的最好激励。很多初创公司的福利待遇比不上大公司，但也有很多优秀的人才愿意加盟，就是因为共同创造一份事业，从中得到的成就感和回报是普通打工所不能比拟的。

（3）**情感留人**。人才对事业的认可，对团队成员的不舍，对

老板或管理者的情感依托，对公司文化的留恋，都可以成为企业留住人才的缘由，因此打造一个开放、包容、和谐、团结、思维同频的团队，团队会更加稳定。

（4）**威望留人**。管理者或领导者在行业内、在公司内的威望，让员工自愿追随。因政策原因新东方的事业受到很大的影响，于是他们马上转型，调整方向，借助直播带货，助农扶农。这对原来以教书为业的老师来说，是一个很大的转变，能留下来的人很大程度上是因为俞敏洪个人的威望和人格魅力。

（5）**文化留人**。文化留人是最高层级的留人。打造让人人认同甚至羡慕的企业文化，有助于吸引大批的高素质人才，并留住人才。华为打造的以奋斗者为本的企业文化，让那么多高素质的人才心甘情愿的付出，就是典型的文化留人。

5. 汰——淘汰不合适的人才，打造高密度人才队伍

优胜劣汰是自然规律，企业也不例外。建立淘汰机制，将价值贡献少的、对数字化转型事业不认可的、态度转变较慢的、在行动上不积极的、数字化技能和工作能力不强的、影响团队整体氛围的人淘汰掉，引入价值观吻合、数字化技能较强、积极主动的人才，提高团队人才密度，让团队更加纯粹、人员能力更强、团队素质更高。

淘汰机制要公平公正，业务考核指标和数据要明确，要将管理和考核落实到企业的日常运营中，对员工的思维、态度、能力、绩效、产出等方面进行全面的评估，淘汰不合适的员工，精简员工队伍，提升数字化人才队伍的纯度和密度。滴滴在创业之初，在组建团队时，有点仓促，技术负责人技术能力不强，导致应用软件的性能和用户体验极差。为了改变这种情况，滴滴程维果断

用200万元买断了首席技术官的股份，重新选择了一位首席技术官，极大地提升了应用软件的功能和性能，公司也进入发展快车道。可见，及时淘汰不合适的人，会更有利于公司的快速发展。

6. 借——世界是我的人力资源部，不在于为我所有，而在于为我所用

数字化打破了组织边界，加速了企业与人才的连接，企业之外的人才也可以为企业所用。在团队组建过程中企业要转变思维，摒弃雇佣思维，企业不在于是否拥有人才，而在于是否能使用人才。乔伊法则认为，不论你是谁，大部分的聪明人总是在为别人工作。在公司内工作，往往比在网上运行一个项目，耗费更多的交易成本。如果很容易就可以从全球人才市场中找到一个行业专家通过线上来帮忙解决问题，用户为什么还要向旁边隔间里的同事寻求帮助？既然最聪明的人都在为别人工作，为何不让最聪明的人利用网络为你工作呢？数字化时代企业一定要打破组织边界，借势外部高端人才的智慧，不求所有，但求所用。借用外部人才的智慧，华为称为"打开金字塔的顶端，吸收宇宙的能量"。海尔的定位是"世界是我的人力资源部"。

摒弃雇佣思维的企业，可以更加多元、开放地吸引人才、使用人才，建立企业、平台、生态圈等多维交流渠道，通过打破组织边界，开放、互通，保持组织内的熵减，将外部智慧为我所用。

7. 储——建立完备的人才梯队储备，将会使组织稳定，基业长青

企业的稳健发展和基业长青，需要储备大量高素质、高潜力

的人才，建立完备的人才梯队，确保每个岗位、每个管理者都有后备人选，能在管理者晋升或离职后，有足够能力的人才顶上来。通过人才梯队建设，为企业提供源源不断的管理人才。

五、激活组织和个人的策略

企业数字化转型带来的管理变革、组织形式变革以及高密度人才队伍的搭建，都是为了更好地激活组织和员工的活力，让员工更主动、执行更高效、管理更轻松。

激活组织和个人是数字化转型的重要目标，企业在转型过程中如何激活组织和个人呢？

激活组织的策略

激活组织最重要的是建立合理的机制和体系，让业务和员工能自运转，实现自创生、自迭代、自进化，让组织充满活力。激活组织可以从以下几个方面进行转变和设计。

用户需求导向。组织的数字化转型，需要建立以用户为中心的商业模式和管理流程，将用户纳入组织的全流程、全环节中，让用户参与产品和服务的升级优化，全流程节点均以用户为中心，以满足用户需求为目标，让员工和用户建立"量子纠缠"，用户需求有变化，员工及时响应，保持组织感知市场的应变能力。

"平台化＋小团队"的组织模式。把科层制的组织转变成扁平化的平台型组织，减少组织层级。职能部门转变成中台，为前端小团队提供支持，帮助小团队更好地拓展市场；业务拓展部门变成前端小团队，直接接触一线市场，快速响应市场需求，小团队根据业绩达成情况能聚能散。通过"平台化 + 小团队"的组织模式变革，让组织更加扁平、更加敏捷。

信息透明，数据驱动，动态优化。数字化的软件和工具可以将各种数据可视化显示，每个部门根据权限实时查看数据，及时了解各部门的业绩情况，如营收、利润、订单数、佣金数、用户数、客户数、业绩达成率、利润率、公司内排名情况等。公司通过数据显示驱动各部门自主高效运转，各部门可以基于数据完成情况，及时调整后期工作计划和安排，紧盯目标，快速调整，动态优化，激发组织活力。

同一目标，战略引领，群策群力。公司内采用"OKR+KPI"相结合的考核方法，每位员工都对标上级的工作计划和工作目标，保证战略目标从上到下保持一致，战略目标和战略计划从最高领导者层层分解到每一位员工。所有人员都基于同一目标下的战略分解、设计和规划自己的工作内容，层层对标、层层分解，保证战略落地。战略实施过程中，每位员工都建言献策，充分发挥自己的聪明才智，群策群力，激活员工的能动性，激活组织活力。

打造授权、赋能的管理体系，建立自我驱动、自下而上的创新系统。企业在进行数字化转型时，需要采用授权、赋能式的管理方式，让员工自主驱动、自主创新，从市场出发、从用户需求出发，自下而上实现战略的落地和业务的创新。数字化时代的创新大多源于基层、源于市场，通过建立自驱动、自成长、自激励的自主创新体系，释放组织和员工的创新活力。

激活个体的策略

激活个体最重要的是找到激发员工动力的"动力源"，从内在激发员工。当员工从思想上转变后，行为上自然会发生转变。激发员工的内在动力，可以从自我实现感、公平的晋升机会、自主决策权、尊重和信任四个维度进行实践和探索。

自我实现感。员工的自我价值实现，是对自己最好的激励和认可。通过授权、赋能的管理方式，为员工创造实现自我价值的平台和机会，让员工自主决策，给员工充分的决策自由，通过让员工干成事，体会到成功的喜悦和公司对他的支持与认可，从而激发员工的内在驱动力。

公平的晋升机会。公司的晋升机会平等公平，用业绩说话、用结果说话，每位员工都有公平的晋升机会，减少裙带关系和人际关系的影响。通过公平的晋升机制和"官兵"互选的方式，让优秀的、有业绩的人脱颖而出，承担更加重要的岗位。"不患寡而患不均"，搭建良好的、公平的工作氛围和干净、纯粹的同事关系，让优秀的员工认同、留下、晋升，让有才能的员工带领其他同事共同前进，从而激发员工的拼搏精神和对组织的认可。

自主决策权。要想让员工感受到尊重和自我价值实现感，可以将人权、财权、事权下放，给予员工决策自由和自主决策的机会，让他们自主承担责任，感受压力，体味艰辛，享受成果。员工有了自主决策权，为了保证决策的正确性，必然会拼尽全力，让事情成功。自主决策可以充分调动和挖掘员工的内在驱动力，降低管理和沟通成本。

尊重和信任。每位员工都希望获得尊重、信任和认可，尊重和信任是给予员工最高的礼遇。当员工感受到尊重和信任时，会迸发出无穷的潜力。

六、案例：美国奈飞公司的高密度人才策略

奈飞成立于 1997 年，是全球最大、最知名的在线流媒体提供商。奈飞曾经是一家在线 DVD 及蓝光租赁提供商，经历互联网的高速发展，进行了两次转型变革，由光碟租赁转型到线上流媒体，盈利方式也由光盘月租收费变为收网站会员费的盈利模式。为降低流媒体的播放版权费用，奈飞开始筹拍自主知识版权的电影、电视剧。

奈飞的商业模式变革，每次都对人才提出很高的要求。光碟租赁只要做好邮寄、光盘管理、客户跟踪服务就可以了，而流媒体需要有强大的技术团队和营销团队来保证网站的正常访问、影片的存储和播放、网站的会员权限管理、在线付费等。到了自主版权阶段，则需要大量的影片主创人员，如导演、演员、编剧、摄影、后期制作等，这又是数字化能力之外的新能力，需要新的知识和新的团队。

数字化技术和影片自主版权团队成员都是高知识分子，无论是网站功能的开发还是影片的创作，都是创新创意型工作。奈飞在人才团队的选择和搭建方面，采用了与传统企业和主流互联网企业不一样的管理方式，为数字化时代的管理者组建团队提供了很多有意义的借鉴。

选才：人岗高度匹配，提升团队人才密度

奈飞公司推崇一句话：员工与岗位的关系，不是匹配而是高度匹配。奈飞认为，每一个成年人都渴求成功，他们愿意与高素

质的人才合作，协同解决一个难题，共创一份事业。奈飞将"人才密度"作为企业创新能力的内核。2001 年奈飞因为业绩压力，辞退了 40 人，由原来的 120 人降为 80 人，人员数量减少了，工作量没有减少，工作效率反而提升了，工作成果更加明显。那时候，奈飞的首席执行官发现，提高人才密度，可以有效提高效率、降低管理成本和沟通成本。后来奈飞就在内部将提高人才密度作为团队建设的重要指导维度。

奈飞认为，人才密度和业务复杂度是组建团队时要平衡的两个维度。传统企业在发展过程中，会随着公司业务的快速发展，增加公司的复杂度，流程变得越来越复杂，审核变得越来越烦琐，管理规则制定得越来越细致，通过严密的管理机制和管理流程，防止公司混乱和管理失控，于是流程和审核就带来了"大企业病"和"部门墙"。严密的流程管控导致效率低下，扼杀了创新，让创新型人才无法发挥价值，于是这些人选择离开公司，进而导致团队人才密度被稀释，企业的创新能力越来越弱，管理越来越固化，从而丧失创新精神，最终被快速发展的市场所淘汰。这是一个恶性循环。

奈飞要求管理者，首要的管理目标是营造一个完全由优秀员工组成的高密度人才团队，营造一个高素质人才愿意留下来发挥聪明才智的工作环境。高素质的人才经历不同、背景不同，看问题的角度各异，具备超强的创新能力，能够主动完成繁重的任务，并能相互协同配合，实现共同的目标。这是奈飞快速成长的底层逻辑。

基于打造高密度人才团队的需求，奈飞在选人时遵循以下两个原则：招聘"真正的成年人"和人岗高度匹配。

"成年人"就是奈飞的人才画像标准。所谓成年人，就是有目标感，能自驱动，有责任心，专业技能高，能接受挑战、抗住压力，能做好配合和协同。基于这样的人才画像标准，把人才放到最合适的岗位上，也就实现了人岗高度匹配。

奈飞认为，要想让业务提升，关键是让优秀人才的密度超过业务的复杂度。当人才密度高于业务复杂度的时候，就可以弱化流程、减少审批，通过释放高知识型人才的创新精神和创新能力，让人才推动业务快速增长，而不是靠流程来驱动。因为流程无法创新，只有人才才具有创新精神和创新能力。奈飞把这个总结为"和优秀的人做有挑战的事"。

奈飞通过招聘"真正的成年人"和人岗高度匹配，通过组织内的优秀人才吸引组织外的优秀人才，建立了一支高密度、高素质的人才队伍。

用才：放权、信任，建立员工自主驱动

奈飞对高密度的人才队伍给予了足够的信任和自由，取消了多个管理管控制度，在日常运营过程中，员工自主自觉地安排工作计划，把决策权给了员工，充分体现了对员工的尊重和信任。

1. 取消休假制度，员工自主安排休假计划

公司的作息时间和安排，一直是公司非常重要的管理方式，员工工作时长既是工作任务完成的保证，也是给予员工薪酬的前提条件。数字化时代，工作属性更多的是以创新创意为主，知识型工作代替了劳动性工作；数字化工具的发展又打破了时空的限制，员工可以在任何地方通过网络跟同事交流、开会。这种创新

创造性的工作价值和产出，不再以工作时长和工作地点来考核和衡量。因此奈飞把休假决策权还给了员工，员工可以自主安排休假时间和计划，员工获得了充分的信任和自由；高知识型员工更在意责任和任务的达成，自驱力更强，从而实现了公司和员工的双赢。

取消休假制度后，公司内部自发形成了三条休假准则：始终为公司最大利益行事；绝不做任何妨碍他人实现其目标的事；努力实现自己的目标。

基于这三条休假准则，可以很好地平衡自己的工作、休假时间和内部协同的矛盾。奈飞的首席执行官说，自由是通往责任的一条途径，员工获得更多自由之后，自然就会产生归属感和责任感，从而激发员工的内在驱动力，降低了管理成本。

2. 信任员工，取消差旅、采购等经费审批

在奈飞，出差和住宿不需要经过领导审批，员工可以根据工作需要，自主决定什么时候出差、坐什么交通工具、住什么样的酒店。奈飞唯一的要求就是，用员工认为最合适的方式，花最合适的费用，以最快的速度购买对员工和工作最有益的东西，这个过程没有费用审批，只有一条原则：公司利益至上。

在奈飞，员工可以直接进行采购，然后将收据拍照上传到系统，等候报销即可，不需要提交申请、等候上级批复等流程。为了确保员工不乱花钱，不给公司带来不必要的损失和浪费，奈飞在充分信任员工的基础上，也在管理机制上做了补充，采用事前情景设定、事后核实报销的方法，从而保证如果有人滥用信任和自由，必然受到严厉惩罚，其他员工也会引以为戒，避免后续此类

事情的发生，否则信任和自由将毫无意义。"信任、自由与责任"理念的核心就是当企业表明愿意相信员工的时候，员工也会努力向企业证明他们值得信任。

3. 放权、授权，无须决策审批

奈飞高层给员工充分的信任和自由，在事情决策上给予充分的授权，高层很少参与具体事务的决定，相反，管理者一直在努力培养员工独立决策的能力。奈飞首席执行官说："我们不希望员工因为上司的否定而放弃任何一个好主意。工作的目的不在于取悦老板，而在于对公司有利。"奈飞取得成功的秘诀，就在于公司赋予员工极大的自主权，员工能够自行决策而无须上司的批准（但需要让上司知晓）。因此，奈飞的员工有充分的权限和自由去进行各种业务的探索、实验和创新。奈飞鼓励员工自下而上、群策群力地解决问题。

奈飞的这种充分信任员工、给予员工自主权，充分调动了员工的积极性和内在驱动力，也极大地降低了公司的管理难度，大家可以把精力放到拓展业务和客户服务上，而不是内部流程和审批上。

育才：公开透明，员工参与，自下而上、群策群力

奈飞鼓励开放式的交流沟通，鼓励每一位员工对公司业务发表看法，大家开诚布公、坦诚、开放地交流互动，每个人都可以尽可能地给不同岗位上的同事提出建议。

奈飞内部在做决策时，管理者会耐心、细致、清晰、全面的向每一位员工解析公司所做决策的理由，员工应该以何种方式参

与到公司转型目标的实践中，以及在转型过程中会遇到怎样的障碍和挑战，公司要求员工以高层管理者的视角去看待公司所做的决策，以便感受到自己与所有层级、所有部门的关联，以利于发现每个环节上的问题和机会，采取有效的行动措施予以解决和改正。

奈飞鼓励双向沟通。员工可以对公司的一些决策提出问题、批评和意见，甚至员工可以对首席执行官在内的所有管理者提出质疑。在奈飞内部，各级员工可以自由提问并能获得相关人的澄清与解答。对于提问和质疑，管理者也会欣然接受，并经常从员工的质疑中获得新的感悟，用于指导和改变未来的业务决策。

奈飞鼓励员工积极表达自己的想法。管理者定期与员工进行座谈，倾听员工的真实想法，也会让员工以书面的形式反馈问题和意见。

这些方式和方法激发了员工的积极性和主动性，让员工参与到企业的运营中，积极发表自己的意见和建议，群策群力，集思广益，把各种问题考虑全面并尽量规避掉。

留才：量子激励，按创造价值付薪，认可员工价值和贡献

奈飞通过打造高密度的人才队伍，吸引的都是高素质的人才，而高素质的人才当然也要享有一流的工资待遇。为了留住高素质的人才，奈飞采用"完全市场化薪资待遇"策略。

策略一：给予高绩效员工市场最高的薪酬待遇

奈飞采用"完全市场化薪资待遇"策略，给予员工市场最高的薪资待遇，免去了员工因为薪酬待遇离职带来的后续影响。奈飞

一位公关总监曾表示，奈飞给出的工资是上份工作的3倍，入职9个月后，领导又给上调了23%，理由是要保持最高市场薪酬。这是对员工价值和贡献的极大认可。这样的薪酬机制，员工必然很难因为工资待遇而产生离职的想法。奈飞不仅一开始就支付员工高薪，而且薪水会随着市场供需不断上涨，以保证员工始终获得业界最高待遇，从而保证团队的稳定性。

奈飞的原则是不要让员工在不得不离开的情况下才获得相应的薪水。公司应该根据员工的价值支付薪酬，避免因为竞争对手给予员工应得的薪水而把有价值的员工挖走。

奈飞采用量子式的薪酬激励体系，根据员工的价值贡献差异，薪酬也是差别巨大。奈飞的工作需要员工具有创新力和创造力，一个优秀员工所带来的价值产出是普通员工的成千上万倍，差别是是量子式的、指数级的。比如，一个优秀的营销策划师策划的获客方案，一个活动可能会带来上百万的用户，而一个普通的策划师策划的活动方案，可能只会带来几百上千个用户，这样的价值贡献差距是指数级的，员工的薪酬差距也是指数级的。奈飞根据员工创造的市场价值来定薪酬，而不是根据公司的"加薪池"和"工资等级"来决定员工的工资涨幅。奈飞采用动态的、时刻保持最高市场价的薪酬待遇来留住高素质人才，打造高密度的人才队伍。

策略二：不设绩效奖金

奈飞的首席执行官认为，有利于激发创造力的，是足够高的工资，而非绩效奖金。当公司给予了员工市场最高的薪酬待遇，他们就能安心进行创新和创造，不会因为绩效工资的影响，将目标紧盯在完成绩效考核的KPI上，相反，他们会紧盯业务，为了实现业务的创新而绞尽脑汁。当业务达成，员工的价值贡献提升、市场薪酬提高的时候，奈飞会按照市场薪酬及时调薪。这就保证了员工工作的方向和目标跟公司的要求是一致的，实现了公司和员工的双赢。

策略三：鼓励优秀人才接触猎头，了解自己的市场价值

奈飞鼓励员工通过各种渠道去了解自己的市场价值，甚至允许员工跟猎头接触，去竞争对手的公司面试，并获取市场薪资待遇。如果对方公司给的薪资待遇高，员工可以跟奈飞公司直接提涨薪，从而保证自己的薪酬是市场上最高的。奈飞会评估员工创造的贡献和市场价值匹配情况，如果应该给员工调高薪酬，奈飞会及时进行调整；如果经评估，不值得为员工涨薪，员工可以自主决定去留。这种行为在其他公司可能被认为是一种对公司的不忠和背叛，但在奈飞公司是鼓励和倡导的，员工可以去了解自己的市场价值，并允许跟公司提涨薪。

汰才：人岗高度匹配，仅仅做到称职也要拿钱走人

奈飞按照市场最高标准给员工发薪酬，因此对员工的要求也很高，员工只做到称职是不够的，而要达到岗位预期，甚至超出预期。

在奈飞，不进行末尾淘汰制的考核，只进行工作成效的考核，评估工作是否达到预期，是否满足公司或领导对该岗位的要求。奈飞需要有激情、有创新精神、有拼搏和挑战精神的员工，对于寻求安稳、对工作要求不高的人，奈飞会直接淘汰，即便他的工作还是比较称职的。奈飞的目的是招聘顶尖人才，为每一个岗位招聘明星员工，为他们提供最高的市场薪酬，提高人才密度，营造

好的工作氛围，保证高素质人才充满激情的工作，跟同样优秀的同事一起解决各种挑战和问题，让工作成为一种享受和乐趣。人岗高度匹配，保证了人才的高密度，降低了管理损耗。

小结

奈飞文化的核心是"人才重于流程，创新高于效率，自由多于管控"，究其原因，是奈飞的工作需要创造力、需要自由空间，但自由又不能被滥用。因此奈飞采用提高人才密度、信任和授权、员工参与、按价值付薪、人岗高度匹配等管理策略，组建高密度的人才团队，建立高素质人才留恋的办公文化和氛围，充分激活组织和个人的活力，降低公司的管理难度，带来了公司的快速发展。

借鉴或学习奈飞的管理机制，对公司的人才素质和管理基础要求比较高。公司需要有一支高素质、有责任心、能承担责任、有目标感、有协同精神的高素质人才队伍，如果人才素质不高，而采用奈飞的激励方式，很容易给公司和业务带来灾难，员工难以管理，还影响业绩达标。因此对于推进数字化转型的传统企业而言，当团队人才素质和人才密度不高时，公司还是需要采用管理流程来对人才和业务进行管理和驱动，防止给公司带来混乱。

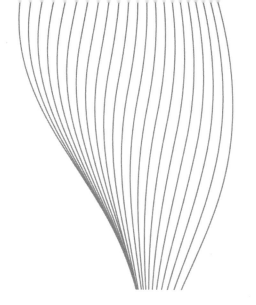

第八章

海尔数字化转型的管理策略

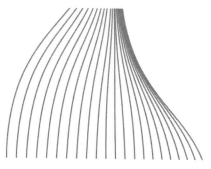

人是目的，而非工具。

康德

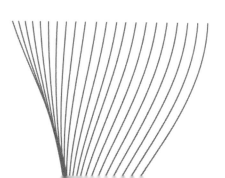

海尔的数字化转型和组织变革，一直为企业界和管理学界所关注。作为国内企业的领军者，传统企业数字化转型的标杆，海尔集团是如何打破传统企业的窠臼，勇于探索数字化转型的？海尔从哪些维度推进数字化转型？数字化转型后给企业带来了哪些益处和价值？海尔的数字化转型操作可以给其他企业提供哪些借鉴和指导？

笔者在海尔集团任职多年，切身感受和经历了海尔集团的数字化转型历程，经历了海尔由传统企业向数字化转型的启动期和高速变革期，参与和推动了海尔集团数字化转型的一系列变革，见证了海尔"人单合一"模式的变革和发展。

一、人的价值最大化

海尔近四十年的发展历程，经历了六个战略阶段，分别是名牌战略阶段、多元化战略阶段、国际化战略阶段、全球化战略阶段、网络化战略阶段以及新启动的生态品牌战略阶段（如图 8-1 所示）。"人的价值最大化"是海尔每一次战略转型的核心主线。在转型过程中，除了实现业务、技术、品牌的升级迭代，最重要的是不断对人的价值和人的潜能进行激发，充分认可和重视人的价值。

名牌战略阶段（1989—1991 年）

通过"砸冰箱"，砸出了全员的名牌产品意识，让品牌和质量深入每一位员工的内心，海尔提升了产品质量和生产工艺，获得了国内家电第一个"产品质量金奖"。名牌化战略阶段，实现了高品质的产品是高素质的人生产的，建立了一支高素质的员工队伍，形成了海尔自己的管理体系和管理文化，被称为"OEC 管理法"。

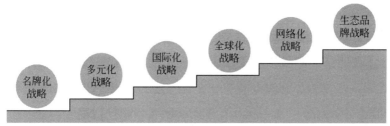

图8-1　海尔六大战略转型阶段

多元化战略阶段（1991—1998 年）

"OEC 管理法"帮助海尔快速成长之后，海尔开始对外输出该管理法，兼并多家企业，让海尔的业务更加多元化。多元化的业务需要多元化的人才，海尔通过海尔文化和"OEC 管理法"的输出，对兼并企业员工的思维和管理能力进行改变，激发兼并企业员工的内在动力、主人翁意识和自主意识，实现被收购工厂的快速扭亏为盈，创造了"海尔文化激活休克鱼"的经典案例，证实了任何团队只要改变思维和管理方式，都是可以创造巨大价值的，管理中人的作用和价值是非常明显的。

国际化战略阶段（1998—2005 年）

海尔制定了"走出去、走进去、走上去"的品牌国际化策略，通过主动走出国门，进入国际化市场，参与与国际高端产品的竞争，打造和提升产品与品牌的国际化影响力。要实现产品、品牌的高端化，获得当地市场高净值目标用户，就需要充分发挥本地化人才的智慧，通过人才本地化，打造本地化高端品牌。国际化的发展战略让海尔开始探索不同地区、不同文化的人才管理策略和激励策略，激发当地人才的潜能，最大化发挥当地人才的价值。

全球化战略阶段（2005—2012 年）

全球化品牌战略阶段，海尔开始了全球化的市场扩张和品牌打造。全球化品牌建设需要全球化人才的参与，需要集合全球不同地区人才的智慧，共同打造全球化品牌。互联网的高速发展，让"连接"成为世界的底层逻辑，借助互联网的便捷，每个人都可以成为网上的一个节点，每一个人都可以连接不同的资源，资源不再局限于企业内部，世界成为公司的人力资源部，企业开放无界之后，就可以聚集世界各地人才的智慧，实现企业价值。

全球化战略阶段，为了适应互联网快速发展带来的改变，海尔除了在管理机制上进行变革，还在企业内部全面升级了信息化技术系统，对业务流程、系统功能、软件性能等进行了全面重构，内部称之为"1000 天流程再造"，这样便打通了信息孤岛，构建了统一的数据底座，为海尔的数字化转型打下了坚实的基础。

这个过程，不管是外部品牌的国际化还是内部流程的再造，海尔都对流程体系、信息化系统、团队、员工的知识能力进行了重构和重塑，确保管理和人才能满足全球化发展的需要。

网络化战略阶段（2012—2019 年）

网络化战略阶段，海尔开始全面推进集团的数字化转型工作。海尔在全球化战略阶段打下了坚实的信息化基础，基于内部强大的信息化基础和外部蓬勃发展的互联网技术，海尔开始探索新的管理，转变管理模式，更加重视员工和用户的能量释放和价值产出，管理和运营的着眼点由传统的内观自己、以企业自身意识为主，转向外观用户、以解决用户需求和痛点为主。所有流程和管理机制的设定都以满足用户需求为目的，企业的运营由封闭转向开放，由关注企业内部开始转向关注企业外部，紧盯用户，紧盯市场，通过数字化技术平台和工具，让内部员工和外部用户建立紧密的"量子纠缠"关系，员工可以及时了解和把握用户需求，并根据需求快速整合内外部资源。企业的产品和服务贴近用户需求，提高了产品和服务与市场需求的吻合度，改变了传统广告促销的模式，流程制度和管理体系更加符合互联网的去中心化、互动性、敏捷性等特征，推动企业的数字化转型。

全球化的发展战略和世界级人才的引入，地域文化差异、行为差异，带来了多文化融合的人才管理问题，如何充分发挥不同区域人才的价值，让不同区域、不同文化、不同行为方式、不同思维方式的世界级人才充分发挥潜力，成为管理中的一大挑战。

为解决世界级人才的管理问题，海尔在数字化转型中沉淀和提炼出了"人单合一"管理模式，目的是通过管理变革和组织变革，激发每位员工的潜能。"人单合一"管理模式打破了传统的科层制管理模式和组织形式，采用了扁平化、敏捷化的小微组织形式，海尔的组织形式也变为"平台化 + 小团队"的形式。

人是目的，而非工具，"人单合一"管理模式意在充分激发和释放每一位员工的潜能和动力，将人的价值发挥到最大。

生态品牌战略阶段（2019 年至今）

生态品牌战略是物联网时代海尔提出的新的转型战略。生态品牌战略是在海尔平台化转变之后，致力于构建小微链群和生态圈，打造以海尔平台为核心的生态体系。平台上的小微公司，相互交流、相互沟通，业务融合，串成链群，形成生态系统。生态要求开放、无界、共享、共生、共创、共赢，小微公司借助生态系统里的资源和优势，面对市场竞争，独立成长，自负盈亏。通过从林生存法则，让小微公司不断优胜劣汰，动态调整，逐渐打造出强大的生态系统。生态化阶段，对人才的能力要求更高，创新性、主动性、知识的更新迭代、思维认知和视野的升级，需要员工主动提升，寻求突破，传统的管理方式无法有效支持生态的构建和发展。海尔的"人单合一"管理模式匹配生态系统的建设需求，能自创生、自运转、自迭代、自升级，自下而上构建自驱的生态运营体系。生态系统建设过程中，充分发挥人的价值和潜能。

海尔6个发展战略阶段，虽然所处时代不同，但每个战略阶段及所产生的管理模式，其底层逻辑都以改变员工的思维和认知，激发员工的潜能，最大化释放和挖掘个体价值为主，"人的价值最大化"是海尔历次战略调整和组织变革的潜在主线。

二、海尔数字化转型的总纲："三化"转型

从2005年开始海尔在集团内推行"人单合一"管理模式，借助"人单合一"管理模式，开启了传统企业向数字化企业的转型历程。在推进数字化转型过程中，海尔将"三化"作为数字化转型的总纲领。

"三化"转型，即企业平台化、用户个性化、员工创客化。

企业平台化。科层制在数字化时代失效，企业开放边界，海尔将管道式企业转型成平台化企业，通过"砸组织"，砸掉企业围墙，在内部成立4000多个小微组织，小微组织借助平台优势进行市场竞争，小微组织之间以市场合约的形式合作，串成链群，形成生态化组织。这样海尔由单体管道企业变成了基于"平台化＋小微化"的生态企业。

用户个性化。数字化时代的用户需求极具个性化，每个人的经

历不同、喜好不同、精神层次不同，对产品和服务的需求也就不同，呈现出来的用户需求便个性化、多元化。企业能力的体现不再是实现大批量的产品生产和供应链能力，而是满足用户个性化的需求。因此企业需要大批量个性化定制的能力，满足单一用户的需求。海尔在数字化转型过程中，围绕用户个性化需求，对运营和管理进行变革和提升，构建了大批量个性化定制的智能制造和智慧物流能力。

员工创客化。为了满足用户个性化的需求，抓住不断变化的市场，需要改变员工的思维和身份。员工要转变思维，以满足用户需求为中心，而不是站在企业的角度去完成工作；员工要由打工者转变成创业者，主动去挖掘和抓住市场机会，而不是以打工者的身份来执行公司的要求。数字化转型后，公司没有具体的要求，只以满足用户需求为目的，能发现和挖掘用户需求的员工就有更多的机会和收益，带来员工和公司的双成长。海尔要求员工转变成创客，在激烈的市场竞争中去捕捉商机。海尔也由传统的生产家电产品的生产公司，转型为孵化具有创业创新精神的创客。

海尔"三化"转型的落地，在海尔内部被提炼成"人单合一"管理模式。

三、海尔数字化时代管理模式："人单合一"

"人单合一"管理模式自海尔集团创始人张瑞敏先生于2005年提出后，历经近二十年的探索、实践和验证，被众多国内外专家和企业认可，已成为数字化时代的管理新范式。

海尔"人单合一"管理模式的底层逻辑是"人的价值最大化"，通过不断激发人的价值以及创造用户价值，打造海纳百川、包容万物的生态系统，将创客和用户的价值合二为一，实现个人价值最大化。海尔在转型过程中改变了管理模式和组织结构，通过"人单合一"管理模式的落地，解决了海尔数字化管理的难题。

"人单合一"管理模式，"人"是指创客，即竞聘进入小微组织的内部员工和外部创客，这些员工不再是企业的雇佣者和执行者，而是创业者和事业合伙人，身份由打工者变成创业者，这样的员工需要具备企业家精神，要能创业创新，主动解决事业发展过程中的各种问题；"单"是指市场机会、市场需求、用户价值，是需要创客主动去解决的用户痛点和痒点。在流程方面，将用户纳入生产、营销、销售的全环节中，将传统的一次性交易的顾客变成全流程参与的用户，建立长期黏性关系，为创造用户终身价值进行创业创新，最终实现创客员工价值和用户价值的统一。图 8-2 详细介绍了海尔"人单合一"管理模式。

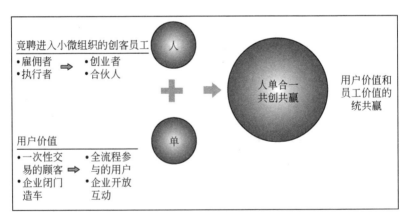

图8-2 海尔"人单合一"管理模式

图 8-3 介绍了海尔"人单合一"管理模式的底层运行逻辑，这套逻辑有效指导海尔数字化转型的落地。

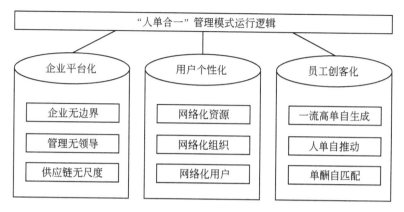

图8-3　"人单合一"管理模式运行逻辑图

"人单合一"管理模式运行逻辑图基于海尔"三化"向下延展，可以概括为"三无、小三化、三自"。企业平台化、用户个性化、员工创客化作为海尔数字化转型的总纲，需要更为具体的措施来支撑"三化"转型的落地。

"企业平台化"需要从"三无"的角度落地，即企业无边界、管理无领导、供应链无尺度。

企业无边界。数字化时代企业科层制的组织模式不适用了，企业需要打开边界，让企业成为没有围墙的花园，而不是有围墙的封闭式组织。海尔通过自主经营体、利益共同体、小微等组织模式的变革，打破了科层制的组织围墙，让员工和用户建立联系，将海尔打造成一个平台，开放组织边界，建立了一个无边界的生态组织。

管理无领导。海尔进行管理变革，管理者向下放权，不再由管理者来决策，企业的所有人员都紧盯市场、紧盯用户，企业决策以用户和市场需求为准，企业领导不再是企业内部的管理者，而是用户，企业管理者和员工都听用户的，以满足用户需求为工作指令。海尔管理者的管理方式调整为授权、赋能的方式，职能变为服务型领导，而不是指令型领导。

供应链无尺度。 数字化时代用户的需求更加多元化和个性化，无论是原材料供应还是成品的配送，都需要满足不同用户的不同需求。这就需要供应链无论在数量、距离上还是时效上都要跟传统的批量的供应链发生了很大的改变，能满足一个客户一万件产品不是企业能力的表现，能同时满足一万个用户不同的需求，才是数字化时代企业供应链能力的表现。海尔改变了传统的大批量生产制造能力，围绕用户个性化需求，进行供应链能力的升级改造，构建了大批量个性化定制的智慧供应链能力，即无尺度的供应链能力。

"用户个性化"是因为"小三化"的变化，即网络化资源、网络化组织、网络化用户带来的市场和竞争变革。

网络化资源。 互联网让资源不再是资源孤岛或为某些企业所独有，资源借助互联网媒介可以快速流通和分享，资源变得网络化、无边界，互联网释放了资源的价值。海尔通过平台化转型，打开组织边界，利用网络整合所需资源。网络化的资源解决了海尔内部资源短缺和能力不足的问题，降低了海尔获取资源的成本。

网络化组织。 组织不再是封闭的科层制形式，而是变得扁平化、平台化、生态化，组织打破边界，内外融合，生态互联。数字化技术的发展，让企业和员工成为网络中的一个节点，成为一个连接网络化资源的能量体，员工可以自主自发地连接更多的资源，融入更大的网络生态，这就需要员工具有创客精神。

网络化用户。 数字化时代用户都在网上，用户获取信息的方式更加便捷，用户交互更加方便，互联网将企业和用户之间的距离缩短为零，企业可以便捷地跟用户建立连接；数字化技术让物理世界可以映射到虚拟网络空间，让人和物体都有了数字化属性，企业可以通过数字化的方式精准识别用户。精准性和零距离成为数字化时代企业跟用户互动的主要特点。

"员工创客化"需要建立员工主动创业创新的自主人精神，通过自驱动自成长机制实现员工创客身份的转变。建立自驱动自成长机制需要打造"一流高单自生成""人单自推动""单酬自匹配"的闭环体系。

"一流高单自生成"是指创客员工主动寻找市场机会，挖掘更大的用户需求，实现用户价值最大化。在这个过程中，用户需求的发现、挖掘和实现都是创客自主自发的。

"人单自推动"是指创客和用户价值互相推动，高的用户价值需要高素质、高能力的创客来把握和实现，客户需求推动创客成长，创客也在成长中不断挖掘更大的用户需求，创客和用户需求相互推动，螺旋上升。

"单酬自匹配"是指创客实现的用户价值越大，创客获得的报酬越多，创客的收益与用户价值的大小相关联（海尔称为"用户付薪"），没有用户需求的单是不应该存在的，承接这种单的创客也是没有收益的，创客、单、酬三者统一，相互匹配。"员工创客化"的本质是高人聚高单，高单享高酬。

海尔"人单合一"管理模式是从企业、市场、员工三个维度推进管理的转型变革，企业成为平台，将各种资源和能力进行整合，赋能员工，通过单酬推动，激发员工自主自发地挖掘用户价值和市场需求，实现用户价值和创客价值。企业平台化需要以"三无"作支撑。用户个性化是因为"小三化"带来了个性化的用户需求。员工创客化需要主动挖掘"一流高单"，创客和高单需求相匹配，创客收益和高单价值相关联，创造的用户价值越高，员工薪酬待遇越高，从而实现"一流高单自生成""人单自推动""单酬自推动"的正向循环提升，实现员工价值和用户价值的统一。

海尔内部的第一个创业小微——雷神小微，就是三个"85后"年轻人主动发现游戏笔记本市场的用户痛点和需求，并借助海尔的资源最终实现创业成功，并于三年内成功在新三板上市，真正践行了"人单合一"模式。

雷神的创业团队通过浏览和分析京东平台用户关于游戏笔记本的评论，挖掘出了游戏笔记本卡机、蓝屏、屏幕有亮点、电脑发热等核心痛点，创业团队主动寻找解决方案，整合了蓝天电脑屏、游戏笔记本硬件、京东销售平台等多个生态资源，在QQ上汇集了上百万的游戏笔记本爱好者，不断跟用户交流互动，做到了"与用户零距离"，聆听用户的声音，实现了创业者与用户的"量子纠缠"。经过三年多的发展，公司实现近20亿元的销售，实现新三板上市，创业团队也因持有创业股份而获得了比打工更多的收益。这就是"人单合一"模式的典型应用。海尔成为创业孵化平台，雷神在海尔创业平台上被孵化出来；雷神的创业者作为创客，自主寻找和挖掘市场机会，也就是"单"，最终做大做强，成功上市，实现了"一流高单自生成、人单自匹配、单酬自推动"。在这个过程中，没有领导参与指派和命令，一切以用户需求为准，解决用户痛点，实现用户价值，并最终实现了个人价值。

海尔的数字化转型，核心是推动人的思维的转变，将员工由工具人转变为自主人。海尔的创客理论超越了经济人理论和社会人理论，人应该具备主动性，能主动去实现自己的价值和社会的价值。海尔的组织变革、管理变革都在推动"自主人"落地，释放人的潜在能力，通过管理的变革，激发人的潜能，使人成为创客；通过组织的变革，为创客赋能，降低创客创业的难度。

四、海尔数字化转型的管理变革

海尔近四十年的创业历程，虽然经过六次战略调整，但管理方面主要有两次大的变革。第一次是 2005 年之前的经典管理，被张瑞敏称为"量化管理"，主要是基于牛顿经典管理方式，底层逻辑就是分工和科层制，只不过海尔在经典管理的基础上不断精进，有了海尔自己的管理模式，如"OEC 管理法"、SBU、自主经营体、利益共同体等，这些管理模式在工业时代推动了海尔的快速发展。第二次变革就是 2005 年开启的"人单合一"管理模式，是基于量子力学衍生出的管理思维，被称为"量子管理"。一字之差，内涵相差千里。量化管理以管控为主，指派、命令，强调服从；量子管理以激发为主，授权、赋能，强调自主和创新。数字化时代的员工以知识型员工为主，工作也以创新为主，所以应该采用量子管理，激发员工的活力。

海尔的数字化转型和"人单合一"管理模式更强调对员工的授权和赋能。

1. 海尔的战略变革

海尔原是生产家电的封闭的、有边界的生产型公司。数字化时代，海尔通过数字化转型，由生产家电的生产公司转变成一个开放的平台化企业。原来是产品品牌，现在升级为生态品牌；原来员工是雇佣型的，现在员工升级为创业合作人；原来强调产品销售，现在重视用户互动；原来以产品生命周期为主，进行产品研发和升级换代，现在以用户体验周期为准，推动产品的迭代升级。海尔本质上由一个生产产品的公司，转型成一个孵化创客的平台，原来生产产品，现在获取用户。无论是海尔的思考方式还是行为方式，都由关注自己、关注产品变为关注市场、关注用户，实现了数字化时代的战略变革。

2. 海尔的管理机制变革

数字化时代的海尔在管理方面进行了很多调整，给了海尔员工更多的自主权，海尔的管理变革可以从以下三个方面进行详细说明。

（1）创投机制的调整。海尔在薪酬方面进行比较大的调整，不再是按照岗位提供薪酬，而是以创业合伙人的角度，给员工提供更多报酬渠道。比如，创客可以投资入股，作为创始股东，享受公司的创业红利，参与分红；超出的企业利润还能享受超利分享；公司成功上市后，还能享受资本带来的收益。这种分享机制，打破了企业和员工的雇佣模式，真正让用户参与到创业中，享受创业的收益。创客跟投机制打破了传统的岗位薪酬和资历薪酬模式，真正让收入和价值相关联，价值产出越大，收入越高，而且收益会呈指数级的跃迁式变化。创客创投机制从经济收益方面对创客进行激发和激励，实现了由传统激励向量子激励的转变，达到了传统激励达不到的效果。

（2）授权机制的调整。传统管理方式中，权力掌握在管理者手里，企业的决策权、分配权、用人权都由管理者说了算。这种情况下，员工没有话语权，只能按照管理者的要求来执行，无法充分调动员工的积极性。而海尔实现"三权下放"，把决策权、分配权、用人权下放给了员工，做什么事、用什么样的人、如何对收益进行分配，完全由员工说了算，员工被赋予极大的自主权。也正因为"三权下放",责任的转移,让员工有了参与决策的机会,充分调动了员工的工作积极性,决策过程中群策群力,集思广益,在思维认知上实现同频,从而为后续工作的推进和团队协同带来便利。"三权下放"让员工真正由一个打工者转变成一个创业者。

(3)考核机制调整。海尔的考核机制采用"二维点阵"模式,关注市场价值和网络价值,以创客创造的市场价值为考核和激励标准,不再是传统意义上的360度评价体系和岗位薪酬。创客薪酬多少,与创客创造的价值直接相关,创客捕获的"单"越大,创造的价值越高,创客的收益也就越高,也就是"用户付薪"机制。图8-4为海尔管理机制的创新。

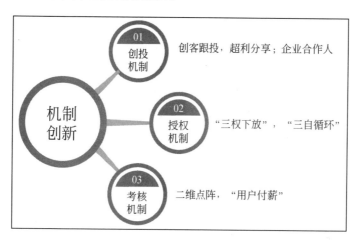

图8-4　海尔管理机制创新

3. 员工参与

"三权下放"后,公司的决策权不再集中于高级管理者手中,业务和决策可以由基层的员工来发起和制定,员工有了参与感和自我实现的价值感。对市场需求和痛点比较敏锐、有想法的员工,可以基于自己对当前业务现状的判断和收集到的用户问题，通过调研和数据分析，决定是否发起和组建小微团队、是否开启在平台上的创业之旅，组建小微团队后，可以自主决定企业的运营策略。这让员工充分参与到企业的运营中，贡献自己的智慧和价值，激活了员工的活力。

4. 群策群力

员工在成立小微团队后，对小微团队的发展战略、营销策略、产品研发等企业运营管理的各方面都可以进行讨论。对选择什么供应商资源、项目进度、项目功能等，员工也可发表自己的见解和看法，融入决策流程体系中，让业务决策实现群策群力。

比如，对于项目的招投标，小微团队在筛选供应商时，可以先选定几个招投标评委，组成招投标小组，小组成员根据项目需要，商定招投标细则和标准，并根据标准选出供应商。这一套流程，完全由小微成员自主操作。这就让小微成员充分参与到运营中，并将小微成员的意见充分收集，发挥群策群力的作用，确保选出最合适的供应商。

5. "三自循环"

"三自循环"是指自创业、自组织、自迭代。通过"自创业、自组织、自迭代"的闭环，员工自主发现和挖掘的用户需求，寻找创业的"单"，即"自创业"，这是员工自驱的，而并非管理者要求的，是自下而上的行为。员工找到创业的"单"，就可以在海尔大平台上，发起组建小微团队的申请，招募小微成员，认可项目机会和创业计划的内部员工和外部成员，都可以自主加入小微团队，从而建立一个新的创业小微组织，这种组织的发起、成立都是自主自发的，因此被称为"自组织"。小微组织成立后，业务的拓展、产品的研发、市场的推广、团队的组建、业绩的提升都由小微成员自主决定，小微成员群策群力，推动小微组织的成长，平台只是为小微组织的成长提供资源支持，因此被称为"自迭代"。小微组织的迭代有两种状况，一种是正向的成长，业绩越来越好，小微组织的规模越长越大；另一种是业绩越来越差，小微组织无以为继，进而解散，小微成员进入其他小微组织或离开平台。

"三自循环"保证了小微组织的自创生、自进化、自生长，组织能基于市场的需求和业绩的达成情况，自主决定是自生还是自灭，从而让组织保持了活力。

五、海尔数字化转型的组织演进

海尔在近四十年的发展历程中，经历了六次战略调整，每次都有相应的组织变革与举措来支持战略的有效落地。图 8-5 展示了海尔六次组织变革及组织形式的演进。

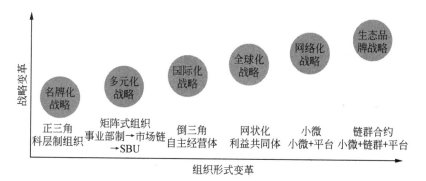

图8-5　海尔六次组织变革及组织形式演进

　　名牌化战略阶段是典型的科层制组织形式，采用分工制，以扩大产品、提高产品生产质量为主要目标，对应的组织形式要求执行力强。名牌化战略阶段是海尔沉淀管理能力的时期，所以正三角的组织形式符合当时的时代要求和海尔的实际情况。

　　多元化战略阶段，海尔的产业逐渐扩展，兼并了洗衣机等多个家电生产线，产品不再是冰箱这单一产品，产品开始多元化。对应的组织形式是事业部制。通过一个产品一个事业部的形式来保证不同产品线齐头并进。同时在内部推行市场链组织形式，将市场竞争机制引入组织内部，提高内部组织活力，并最终形成战略业务单元（SBU）。

　　随着数字化的发展，到了 2005 年，海尔提出了"人单合一"管理模式，同时在组织形式上进行了调整，由正三角科层制变成了倒三角模式，让一线员工接触市场，管理者变成了资源提供者，海尔开始探索赋能模式，组织结构被称为自主经营体，即员工自主经营，探索市场机会。从这时开始，海尔开始了小微组织模式的探索。

　　到了网络化战略阶段，随着数字化能力的提升，海尔将组织开放成平台，根据内部部门所承担的职责不同，划分了用户小微、节点小微、共享小微等不同的小微组织。比如，产品研发、销售等部门，直面用户，接触一线市场，了解市场和竞品情况，被称为用户小微。内部各流程支持部门，有效支持用户小微，被称为节点小微。通过节点小微和用户小微的紧密合作，提高用户小微的效率。第三类是共享小微，即财务、人力、法务、信息技术、战略等共享部门，以及各级管理者，作为共享资源为前端小微赋能。这三类小微，将海尔的传统组织模式打散，形成了 4000 多个小微组织，这 4000 多个小微组织独立挖掘市场机会或承接内部效率优化机会。这个阶段的海尔对组织进行了扁平化改革，将海尔内部的层级变成了平台主、小微主、小微创客三个层级。通过小微化的改造，实现了海尔组织的扁平化、平台化、敏捷化变革，增强了海尔应对不确定市场的组织能力。

到了生态品牌战略阶段，各类小微组织已经非常成熟，小微组织之间通过合约的形式，建立合作关系，形成了很多小微生态群，被称为链群合约，形成"平台 + 小微链群"的生态化组织。

海尔数字化转型是将组织由传统的科层制转变成扁平化的"平台 + 小微链群"组织形式（也被称为"砸组织"），打破了科层制的束缚。

传统的正三角科层制和矩阵式事业部制等组织模式，是海尔在创业之初和快速发展时所采用的，符合传统时代管理模式的要求。当时市场需求相对稳定，需要快速执行，采用科层制的形式和自上而下的管理模式来推进公司的发展，有利于打造海尔的产品品牌，快速提升市场占有率。

到数字化时代，这种强管控、自上而下的组织形式严重阻碍了企业和用户的交流与互动，导致企业对市场反应迟缓，错失市场窗口期。海尔的数字化转型就是在组织上改变这种远离市场的组织形式，打破组织层级，建立小团队的组织形式，让一线员工直接面向市场，直接了解和把握用户需求，感知市场变化，并通过合理的组织授权，让一线员工可以基于市场的需求和变化，及时做出决策。海尔通过小微化的组织变革，建立了"平台 + 小微链群"的生态化组织。"链群合约生态"是海尔数字化转型的战略框架图，通过链群合约将企业和市场连接起来。如图 8-6 所示，横轴的"创单链群"是企业内部能力的体现，即挖掘市场机会，捕捉市场价值；纵轴的"体验链群"以用户体验为中心，以满足用户需求为目的，将用户和市场的声音反馈给"创单链群"，助力"创单链群"创造和捕获市场价值。

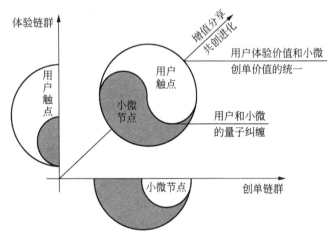

图8-6　海尔"链群合约生态"图

从海尔的组织演变可以看出，数字化时代的组织变化，在数字化技术的加持下，组织的去中心化、敏捷性、小团队、平台化的属性更加凸显，扁平化、小微化、链群合约、生态化的组织形式激发了海尔员工的创客精神和创新活力。

六、海尔数字化转型的落地模型

每个企业的数字化转型都有自己的指导模型，海尔也不例外。海尔的数字化转型指导模型是"宙斯模型"，分为四个部分，即企业战略（交互用户）、团队组织（人力资源）、执行计划（预实零差）、激励考核（人单酬），通过这4个方面推动海尔的数字化转型。图 8-7 详细展示了"宙斯模型"的内容。

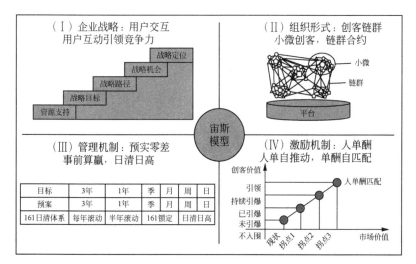

图8-7 海尔的"宙斯模型"

1. 企业战略：用户交互

数字化转型首先需要确定转型战略，战略的制定是自上而下的，而战略的承接和执行是自下而上的。海尔将数字化转型战略定义为用户交互。也就是说，海尔在数字化转型过程中，要以获取更多的用户数、建立跟用户多次交互的能力为转型战略，即建立"与用户零距离"的能力。基于"用户交互"战略，海尔所有的产品企划、研发、生产、营销、销售、物流配送、售后服务等全流程环节都以用户交互为切入点，推进组织的转变和效率的提升。同时所有创客小微要承接集团战略，将集团的转型战略和小微组织的发展战略相匹配。

小微组织在制定战略时需要考虑以下 4 个方面的内容。

• 我的目标用户是谁？

- 我能为用户创造什么价值？

- 我能分享什么价值？

- 我的经营战略和客户战略是否一致？

这是海尔小微创客在进行创业创新、寻找"单"的时候，需要考虑的维度和内容。小微作为基本的经营单元，在制定小微战略时要从承接集团战略方向与战略落地出发。在承接上级战略目标的基础上，小微创客依据自身业务情况，设计组织的商业模式、战略承接达成路径，并将公司战略－交付用户和小微组织的发展相匹配，将其转化成每个小微成员的单（个人目标与关键成果）。小微组织的战略制定和承接，由小微成员主导，而不是交由远离用户和市场的战略规划部门，小微组织的战略制定更接近市场、效率更高、调整更灵活，并能迅速进入实施状态。小微组织的战略制定权真正交给小微成员，让小微成员有了参与企业运营和决策的机会，自下而上，自主自发，群策群力，充分发挥每一位小微成员的智慧。

2. 组织形式：创客链群

团队组织是执行战略的团队和人才，是保证战略有效落地的重要力量。海尔通过小微创客和链群合约的形式，使海尔的组织形式平台化和生态化，通过小微创客、小微主、平台主、内部共享支持部门（FU），打造基于平台赋能的创客链群。海尔将员工转变成具有企业家精神的人——创客群体。平台和高层管理者成为资源提供者和赋能服务者，帮助小微创客协调和整合内外部资源，通过"小微＋链群＋平台"的组织形式，结合具有创业创新精神的创客群体，在组织形式、管理方式、员工精神等方面全面支持小微创客的创新探索。

通过"小微创客 + 链群合约"模式，提高海尔组织的敏捷性和灵活性，建立基于市场和用户需求的能聚能散的组织形式。

3. 管理机制：预实零差

凡事预则立，不预则废。预实零差的管理机制就是针对战略目标的落地推进而制定的实施计划。实施计划由小微创客团队进行战略目标分解，落实到 3 年、1 年、季度、月度、周、日等时间节点，滚动推进工作计划，确保既低头赶路又抬头看方向，确保战略和执行保持一致。执行计划希望通过"事前算赢"，将问题和需求都考虑全，确保没有漏项，然后每天日清，清进度、清问题、清方案，将执行计划有效推进落地。海尔通过"161 机制"，即上周工作总结、本周工作安排，未来 6 周工作计划，制订成 8 周的滚动计划，通过日事日毕、日清日高的执行体系，保证日、周、月、季的工作内容是滚动的、匹配的，从而在方向和效果上保证计划的有效性。"161"是一种"事前算赢 + 过程控制"的方法，是海尔高执行力的管理方法。

4. 激励机制：人单酬

海尔数字化转型的考核机制是"人单酬"，这一机制打破了传统的岗位薪酬和年功制薪酬体系，按照贡献和价值产出来匹配员工收益，高人聚高单、高单享高酬，采用量子力学思维下的不确定性和跃迁性的激励机制，让付出和贡献与员工收益成正比，让人、单、酬三者匹配，达到小微创客量子激励的效果，有效激发了小微创客的活力。

"人单酬"激励方式遵循了"价值贡献和收益匹配"原则，每个小微创客推进的项目利益攸关者都能享受到"用户付薪"，即分享到的收益是根据创造的用户价值的大小来分配。具体的方法包括设置基本酬、拐点酬、对赌酬、股权激励等，确保小微创客风险共担、收益共享，充分调动和激活了小微创客的活力，让激励机制发挥出更大的价值。

七、海尔数字化转型的底层逻辑

海尔数字化转型的变革和探索，以及提出的"人单合一"管理模式，相对于传统的强管控管理模式，更加注重个人能力的发挥和个体价值的呈现，充分释放每个人的能动性，让员工成为"自主人"，自驱动自成长。

在组织结构方面，海尔打破了传统的科层制模式，采用"平台化 + 小微链群"的生态化组织模式，通过"砸组织"，打破组织边界和层级，实现了内部员工和外部市场需求以及无边界资源的"量子纠缠"，通过组织变革实现了对员工的赋能和授权。

在员工激励方面，海尔通过"二维点阵"和"人单酬"的激励模式，实现了量子化的激励。通过激励，使价值产出和收益形成量子式的关联，充满了不确定性、跃迁性、概率性，打破了岗位薪酬和固定薪酬模式，带给员工更大的激励性，从而更好地体现了激励的价值，让价值创造和收益成正比，激发了员工的创新创造、自我实现，也实现了海尔对员工人性的重新定义，由传统的经济人、社会人升级为自主人，给予员工自我价值实现的机会。

海尔的管理变革和组织形式变革，给推进数字化转型的传统企业管理者带来一些启发，具体有以下几点。

第一，数字化时代的企业变革，要以用户价值和员工价值最大化为变革方向，充分释放人的潜能，发挥人的价值。

第二，企业的转型变革，要求企业紧盯市场，以用户和市场需求为中心，构建企业与用户零距离的能力。

第三，数字化转型的组织要改变传统的科层制模式，采用平台化、扁平化、敏捷化的组织形式，增强组织应对不确定性的能力。

第四，管理的变革方向要以授权、激发、赋能为主，充分调动员工的积极性。

第五，数字化转型和企业转型的核心是改变员工的思维认知，思维同频才能认知一致，才会行动一致。

海尔所进行的全面、重大的数字化转型变革，其底层逻辑是符合量子世界观的。图 8-8 展示了海尔组织转型与量子力学思维之间的对照关系。

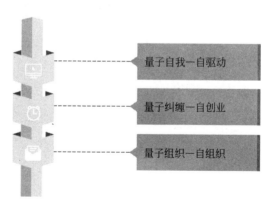

图8-8　海尔数字化转型的底层逻辑

量子力学思维认为，每一个人都是一个蕴含巨大能量的能量体，有主动精神，有自我价值实现的需求，这种人被称为"量子自我"。"人单合一"的底层认知就是认为每一位员工都是一个量子自我，都具备自主自发的能动性，有自驱力，海尔的"人单合一"管理模式就是将每位员工都转变成具有自驱力、能带来重大跃迁的量子自我。

数字化时代，通过高效的数字化技术，能实现员工与用户，企业与市场的有效连接和互动，数字化技术的有效使用，可以让用户的需求和变革及时被企业感知到，这种情况就很符合量子力学中的"量子纠缠"。所谓"量子纠缠"，就是两个接触过的粒子，哪怕分开宇宙级的距离，一个粒子发生变化，另一个粒子也随之发生变化，这种现象被爱因斯坦称为"鬼魅般的超距作用"。海尔的数字化转型，就是希望企业和用户之间建立这种"鬼魅般的超距作用"，用户的任何需求，企业都能及时捕捉到，用户一变，企业马上随之做出反应，这需要组织具备敏捷性。敏捷化组织能力建设，除了需要智能化的数字化技术和平台，还需要具有创业创新精神的创客员工，有能主动挖掘和解决用户痛点和需求的意识和能力，通过"量子纠缠"的敏捷化组织能力建设，实现海尔创客"自创业"。

支持创客创业创新，动态把握用户需求，敏捷化满足用户需求，需要有敏捷智能化的组织，能根据市场需求，动态进行组织的发起和调整，组织能聚能散，完全以满足用户需求为目的，海尔称其为"自组织"，即能根据市场变化自生自灭、自我成长和迭代的组织能力。

海尔通过"自驱动""自创业""自组织"这样的量子世界观在组织内部的落地，实现对创客员工的激发，从而让组织迸发出巨大的活力。

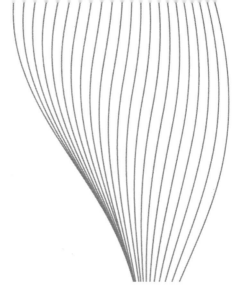

第九章

华为数字化转型的管理策略

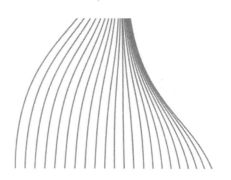

世界唯一不变的就是变革，变
革可能失败，不变革肯定失败。

任正非

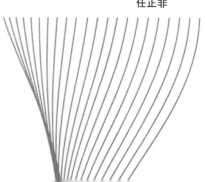

华为作为中国最优秀的企业之一，其战略策略、管理方式、组织形式一直是众多企业家和学者学习和研究的范本。华为经过三十多年的发展，历经多次管理变革，构建起了完善、灵活、功能强大的管理平台，快速响应的业务流程，灵活敏捷的营销团队，高效扁平的组织模式，有效支撑了华为全球市场业务的快速发展。华为的管理者通过打造应对不确定性市场的组织能力和管理能力，将华为这家公司带进世界级公司的殿堂。

数字化时代，华为又在推行新的变革，形成了华为在数字化时代的竞争力。

一、华为数字化转型方法论体系

华为公司经过多年的发展，在组织、管理、机制、文化等方面沉淀了大量的知识、经验和能力。在数字化时代，华为提炼出自己的数字化转型方法论，推进企业的数字化转型变革。华为数字化转型方法论如图 9-1 所示。

华为数字化转型方法论从上到下分为四个层次。

企业转型战略是企业转型的最高指导方针，设计企业转型的顶层架构，自上而下指导着企业数字化转型的推进和落地。

数字化转型的两个保障条件：组织机构和文化氛围。打造敏捷、灵活的组织团队，建立数字化文化氛围，让组织内部都接受数字化、认可数字化，在日常工作中基于数字化的文化来沟通和思考，员工和管理者同频共振，在组织形式、文化氛围方面保证数字化转型的顺利推进。

转型过程中贯彻三个核心原则，即"战略 + 执行统筹"，上下一致，确保战略和执行不脱节；"业务 + 技术驱动"，业、技融合，业务团队和技术团队紧密配合，高效执行；"自主 + 合作并重"，确保及时把握用户需求，让用户和客户参与进来，形成"自主创新 + 合作参与"双模式运作。

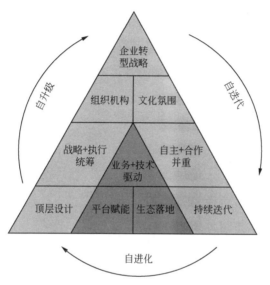

图9-1　华为数字化转型方法论

推进四个关键行动，即做好数字化转型的顶层设计；通过平台组织的调整，为员工和客户赋能；打造数字化生态，构建无边界的组织；持续迭代，动态优化，不断提升，保证组织的敏捷和活力。

通过数字化转型战略的指引，最终实现组织和员工的自我进化与不断迭代。

二、华为数字化转型落地策略

华为在数字化转型方法论的指导下，推进企业数字化转型战略的落地。

聚焦主航道的战略定力

华为在国内是战略决策和战略定力做得非常好的公司，遵循数字化时代的聚焦策略，将公司资源和精力聚焦在主航道上，不断增强主航道的竞争力，从而一直让公司处于发展的快车道，华为的战略思维和战略定力非常值得大家学习和借鉴。

1. 专注聚焦于主航道的业务战略

30 多年来，华为一直保持着极强的战略定力，一直秉承专注聚焦战略，将所有的资源、人力、财力投入到通信行业，在行业内不断深耕，积累了极强的技术实力和技术专利，形成了绝对的领先优势。华为将这种策略称为聚焦主航道，不在非主航道的业务上浪费战略资源。

在 30 多年的发展历程中，华为经历了多个行业快速发展的经济周期，如房地产、P2P 金融，甚至有一段时间小灵通也在行业内掀起风浪，但华为都不为所动，一直将精力和技术专注在自己的主业上，不断加大技术研发投入，获取了通信领域大量的专利和知识产权，从而建立起高知识竞争力壁垒，使公司获取了极强的市场竞争优势。

房地产低迷、P2P"暴雷"、小灵通退出市场，华为却一直蒸蒸日上，这就是战略定力的价值。对于一个公司来说，尤其是初创公司或者个人，在一个专业方向上不断积累，做到行业内领先，必然能获得极大的优势。若三心二意，各个行业都想涉足，如果没有足够的经验、资金、团队、人脉，其实是很难成功的。

数字化时代技术发展日新月异，竞争更加激烈，企业更加需要不断强化自身的优势，持续保持领先竞争地位，专注聚焦于主航道，用战略定力为公司带来竞争优势。

2. 以客户为中心的运营战略

华为一直强调以客户为中心，要求全员眼睛紧盯市场、紧盯客户，屁股对着公司、对着领导，全员把握和感知市场需求和变化，根据用户需求及时调动公司资源，快速响应和满足用户需求。华为员工将 80% 的时间和精力放在客户端，跟客户去沟通需求、解决问题。公司所有的流程、组织和经营管理体系的建设原则都是以客户为中心，贴近客户、匹配客户，都围绕着提升客户体验和 LTC（线索到回款）、IPD（集成产品开发）、ITR（问题到解决）等流程，将串行的价值链管理方式变革为并行的价值环管理方式，解决客户问题，保证客户满意度。

华为的数字化能力从低到高分为五个层级，逐步推进和深化企业的转型战略。第一个层次是实现所有业务和管理流程全量、全要素、全员、全流程在线化，通过业务线上化和管理线上化，提高决策效率、准确性和数据留存度。第二个层次是通过数字化系统的建设和管理流程机制的优化，实现所有业务和数据的实时显示，让全球各地的员工和用户可以实时连通企业内部资源，了解业务进展，实时沟通反馈，实现业务推进和管理实时化。第三个层次是实现功能、业务、流程的按需定制化，华为将各种能力进行模块化封装，为前端小团队赋能，前端团队根据客户需求调动平台资源和能力。第四个层次是功能自助化，即在定制化功能的基础上进行能力的优化升级。员工在数字化平台上，根据客户的需求和应用场景，自助定制功能、工具、审批流程，满足不同客户不同场景下的个性化需求。平台功能和流程的灵活性和便捷性，让员工可以自主自助推进业务。第五个层次是社交化，数字化技术和平台将用户纳入产品研发、生产、交付、验收等全流程全环节中，员工与客户之间、员工之间可以在数字化平台上及时交流互动，方便、高效地沟通需求，解决问题。华为从这五个维度，从低到高逐渐建立了数字化能力，围绕着以用户为中心的转型策略，为用户、员工、客户提供了良好的消费体验。华为数字化转型层级如图9-2所示。

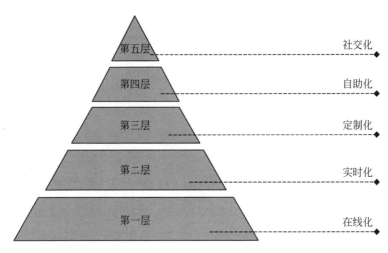

图9-2　华为数字化转型层级

3. 战略落地讲求方向和节奏，次第推进，动态调整

任正非说："所谓战略就是方向和节奏。"数字化转型同样是华为的企业战略，华为通过5个能力的次第推进和落地，保证了数字化转型战略的有效落地。数字化转型是对业务和模式的重塑，是摸着石头过河。华为在战略转型推进过程中，要求大家在方向

正确的情况下，勇敢迈出第一步，在行动中调整和优化，在执行中迭代，快速调整，小步快跑，给予员工试错容错的机会，通过敏捷和动态调整，应对转型过程中的不确定性。

员工思维认知的统一

在企业的发展过程中，华为一直强调对员工思维认知的提升，保证员工的思维认知跟公司决策层保持一致。

1. 意识到不确定性带来的影响和挑战

华为最近几年高速发展，业务进入"无人区"，技术领先行业，没有了参照物和对标公司。国际大环境的多变和竞争对手的不正当竞争，让华为身处各种不确定性之中，华为人从上到下都意识到这种不确定性的影响和压力，通过自己和市场伙伴的不断努力，将这种不确定性降低，甚至转变成确定性。思维意识的变化带来行为的调整，也让华为员工齐心协力，积极面对各种挑战和压力。

2. 统一认知，公司上下认可数字转型的价值

华为公司的快速发展，让华为产品成为行业标杆，华为也成为别人对标的目标。但原来的业务模式、流程系统无法有效支持华为的持续发展和保持领先的地位。因此，数字化转型成为华为突破自己、寻找第二增长曲线的必由之路。持续落地以用户为中心的数字化转型战略，运用数字化技术提升用户的消费体验和公司的运营生产效率是华为各级管理者的共同目标、华为要求各级管理者理解并做到以用户为中心的数字化转型：客户体验优先；产品和服务场景化；内部流程服务化，赋能前端；多云管理；实时指挥。通过

落地这些能力，华为从上到下统一了员工的思维和行为，认可数字化转型的方向以及数字化转型给华为带来的价值和发展前景。

3. 数字化转型的目的是实现业技融合、业技一体化

华为管理层认识到数字化转型绝不是简单的技术驱动，而是技术和业务的双轮驱动，回归业务，借助技术，实时感知市场和用户需求的变化，为用户创造价值。企业进行数字化转型，一定要破除工具思维，把重点放在人和团队的转型上。

数字化转型最重要的就是人和组织的转变。在进行数字化转型前，华为的信息技术流程部门并没有真正有效介入到业务流程中，没有给业务提供很好的技术支持，技术部门和业务部门之间的沟通存在障碍和摩擦。比如，技术人才从技术角度开发和安装了各种技术工具，希望能帮助业务人员做好管理和提效工作，业务人员对工具的功能和体验却心存抱怨，经常弃之不用，导致两个部门之间存在矛盾。数字化转型聚焦在"人"的体验上，消除了业务部门和技术部门的隔阂，将业务部门和技术部门融合，由业务主管担任负责人，业务人员和技术人员一起组建数字化团队，技术人员不再从技术和功能角度开发产品，而是基于业务需求、用户体验开发功能，解决业务痛点，业务人员和技术人员融合在一起，形成业技一体化，相互之间保持同理心，换位思考，将工具和业务紧密结合。

授权赋能的管理变化

华为进行数字化转型，在管理方面做了很多变革，改变了传统的管控模式，让管理有效支持前端销售，快速转化客户。

1. 管理赋能，从管控模式到授权模式的改变

华为的业务遍布全球各地，各地的市场竞争情况、客户需求情况千差万别，如果每位客户的情况和需求都要反馈到总部进行汇报、审批，将会导致流程太长、效率太慢。华为授权一线员工，划定权限范围，让一线员工根据市场和客户需求自行决策，从而保证了决策效率和合理性。一线员工借助强大的数字化平台，及时寻求内部资源的支持，公司通过数字化平台对员工的行为进行监督和事后审计。业务线上化，让所有业务流程都记录在数字化平台上，有利于公司掌握每一项业务的进展情况和员工的行为操作。

任正非曾谦虚地说，自己什么都不懂，只能让下属去自己发挥，然后他到全国各地去听汇报，支持他们的想法，鼓励他们去落实、去践行。其实这就是任正非采用的授权管理方式，通过让专业的人去做专业的事，给予员工权限和空间，让员工去创新、探索、试错，不对自己不擅长、不了解的事情指手画脚，不做外行指导内行的事，自己作为公司的最高管理者努力做好资源支持和调配，帮助下属把事情做成功。

为了更好地保证一线员工的战斗力，华为除了对一线员工进行适当的授权，还把平台能力赋予一线人员，将平台能力和公司资源以实时化、定制化、自助化的方式赋予前端每一位一线员工，帮助员工快速拿下订单。

比如，华为采用项目制授权的方式，对一线营销团队在签约过程中所需的权限进行权力前置，授予一线团队自主决策权。这些权限包括项目前期的接洽、立项决策、投标决策、合同签约金额、合同收款方式、客户授信额度、合同约定条款、合同变更决

策、合同关闭决策等商务全流程全环节问题的商定、调整和决策。一线团队依据项目等级获取相应授权，在授权范围内自主决策。超越授权情况下需要按程序申请审批。

华为的授权模式提升了一线决策的灵活性，给予一线团队充分的信任和尊重，让一线团队根据市场情况和客户需求，及时决策，充分调动了一线团队的积极性和创造性。

2. 技术赋能，将后台资源和能力向一线输出，提升一线作战效果

华为的数字化转型实现了业务方面的全要素全量连接，所有业务都可以通过数字化平台进行操作，实现了实时连接、实时互动、实时审批，提高了后台支持部门和一线销售团队的沟通效率。同时，系统平台对支持功能实现了模块化、定制化，一线团队可以根据业务的需求和市场变化，按需定制，敏捷、自主调动后台资源。通过强大的技术平台，将后台的资源和能力输出给一线销售团队，有力地支持了一线团队的销售转化。技术充分发挥了工具和平台的价值，将平台能力赋予每一位员工，提升了员工和前端团队的整体战斗力。

3. 华为集智模式：群策群力，动态改进

华为的企业战略是由高层制定的，而制定战略和把握方向的不是某个人，而是多位轮值董事长，这样可以保证华为战略方向不出现偏差，不会因为某个人的层级、经验、能力、眼界影响华为的战略方向和战略定力。轮值董事长制度，汇集了华为顶层的智慧，每个人一个任职周期，前任出现问题，继任者可以及时调整，确保战略方向和决策的有效性。

华为的"铁三角"模式也是一种群策群力机制,三个人员商定决策业务,充分发挥每一个员工的职责和价值,集合了小团队的能力和智慧。

华为通过轮值董事长制度和"铁三角"模式保证了战略方向和落地执行,集合众人智慧,形成了自上而下和自下而上相结合的管理策略,既能保证战略不出现偏差,又能保证全员对战略的有效支撑和落地,通过快速响应、动态迭代、不断优化的改进机制,确保业务的优化与提升。

"小团队 + 大平台"的敏捷组织

华为的数字化转型和组织变革紧密关联,改变了传统的科层制模式,打造"大平台 + 小团队"的扁平化组织,提升组织的敏捷性,快速支持前端一线作战人员,重塑华为在数字化时代的组织竞争力。

1. 构建赋能平台,大平台支撑精兵小团队作战,打造敏捷的组织能力

"大平台 + 小团队"的扁平化组织模式,有利于公司快速了解和把握市场需求,及时作出反馈,这种组织形式需要公司平台沉淀组织能力,把能力模块化封装,前端小团队可随时调用,平台将能力进行复制和输出,赋能前端;前端小团队保持高作战能力,每位成员、每个小团队都是特种兵、精兵、兵王,是"一线精兵"。

精兵要"强","强"既体现在自身能力的积累上,也体现在对大平台资源的有效调动上,能有效借助平台资源和能力,解决客户问题。能借助外部力量解决问题也是一种能力的体现。

　　华为"小团队＋大平台"的组织形式如图 9-3 所示。通过数字化转型和组织变革，将后台部门建设成集团级的大平台，将知识、工具、资源等提炼成各种能力，支持和赋能前端一线作战团队，通过授权将决策权下放和前置，通过精细化监管有效监管业务进展和员工权限使用情况；一线前端小团队和精兵团队快速感知市场机会和竞争，快速响应客户需求，快速决策，快速签单，将竞争、风险和不确定性降低；集团的管理体系和平台能力，通过在线化、实时化、定制化、自助化、社交化等方式，赋能前端小团队，助其快速达成目标通过"一线精兵＋前端小团队作战"的组织模式，建立起敏捷的组织能力，快速沟通客户需求，把握市场机会，将不确定性变为确定性。

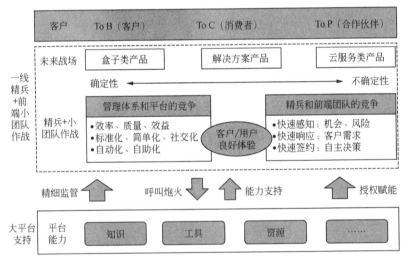

图9-3　华为"小团队+大平台"的组织形式

　　华为数字化平台为一线精兵赋能，拓宽了一线精兵的能力边界，让一线精兵不仅可以依赖个人经验和个人能力，更可以整合和调动平台资源，将平台的专家、知识、解决方案等转化为一线精兵的能力，通过授权和赋能，减少总部"管控"对一线作战的内耗和打扰，改变"官僚机构""衙门闸口"作风，让一线更快捷、更高效地决策，确保小团队作战的成功。

通过小团队精兵强将和大平台的协同配合，增强了组织的快速响应能力，提高了前端销售团队的签单成功率。比如，曾有位客户在跟华为签约前期，突然提出要从 4G 方案变成 5G 方案，一线销售团队马上启动响应流程，调动华为后台全流程协同配合，只用了一周时间，调集网络专家、技术专家、法律专家，从商业条款到具体的技术方案、产品配置方案、费用调整等做了一份详细的方案给到客户，并最终拿下这份 5G 合同。这个案例体现了华为前端销售团队与后台赋能团队的无缝配合，"小团队 + 大平台"的组织能力凸显。

未来企业之间的竞争不只是一线精兵团队的竞争，更是"一线精兵 + 管理体系 + 平台能力"的竞争。华为在数字化转型过程中，把实现"大平台支撑精兵作战"作为数字化转型的重要变革，华为将总部打造成赋能平台，构建面向一线小团队作业场景的数字化作业平台，使一线人员从大量日常的事务性工作中解放出来。华为在全球的任何一个分公司的任何一项业务，都可以在华为总部的数字化共享平台上获得支持，各业务部门可以根据客户情况和业务需要，及时、灵活地选择各类产品和服务，实现实时按需定制，提升小团队服务客户的能力，构建了"去中心化、减少决策层级、一线自主作战"的组织支持体系和管理赋能体系，"一线精兵小团队 + 后台支持赋能大平台"的组织模式保证了一线作战的灵活性和自主性，又能通过平台向一线提供有效支持，建立了组织高效、灵活、敏捷、快速响应的组织能力。

2. 组织形式："小团队＋大平台"，授权小团队，"让一线呼唤炮火"

华为的小团队直面市场，及时调动平台资源，快速满足市场和用户需求；大平台借助数字化能力，将平台和资源进行模块化处理，及时提供给前端小团队，为小团队赋能。对于直面市场的营销团队，华为采用了销售"铁三角"的形式，把多个职能人员聚在一个营销团队里，授权团队根据前线情况快速决策；中台成立"IT铁三角"，快速了解前线需求，优化平台功能，赋能前线团队。

（1）前端销售"铁三角"

华为的前端销售团队采用"铁三角"的形式，销售"铁三角"由客户经理、方案经理和交付经理组成，客户经理是销售专家，方案经理是技术专家，交付经理是交付专家，包含对产品供应管理的职责。三者共同面向客户，及时了解用户需求，根据客户需求快速响应，同时三者各自承担职责，高度协同，共同商定满足客户需求的解决方案、项目周期、合同报价等内容。这样的"铁三角"组织形式，打通了困扰无数传统企业的"部门墙"，将商务关系、技术实现、内部资源配合协同等三方资源紧密绑定，可以根据客户需求，快速响应，调动公司资源紧密支持。总部、大区和职能管控部门作为"铁三角"的支撑平台，将资源、能力向前端输出，前端"铁三角"根据用户需求及时呼叫后台资源支持，打造了"让一线呼唤炮火的班长决策"的敏捷流程，华为称为"少将班长"，通过平台赋能，前端团队"班长"拥有"少将"的权力，这就保证了团队的敏捷性和高效性，提升了团队的狼性文化。图9-4很好地展示了平台、"铁三角"、客户之间的运行逻辑。

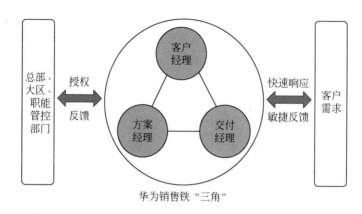

华为销售铁"三角"

图9-4　华为平台、销售"铁三角"、客户之间的运行逻辑

　　"铁三角"的销售模式要求三个岗位职能的人员保持同一目标，力出一孔，利出一孔，在一个"铁三角"销售团队里，三个角色有着共同的考核指标，保证大家心往一处想，劲往一处使。项目的成败关系到"铁三角"中的每一个人，"铁三角"不是一个三权分立的制约体系，而是紧紧抱在一起生死与共、聚焦客户需求的共同作战单元。它的目的只有一个：满足客户需求，成就客户的理想。"铁三角"中的每个角色都要从项目成功的维度去思考和执行，"铁三角"团队在公司授予的权限和预算范围内具有经营管理、奖金分配、资源调度、相关重大问题决策、成员绩效目标承诺和关键绩效指标制定等重要权力，通过价值创造与收益匹配的原则，自主决策，自主承担责任，保证一线团队强大的作战能力。

（2）后台职能团队"铁三角"

　　随着华为业务的快速发展，华为由单一业务快速打单，转变为在单一业务基础上，满足多业务板块的快速打单，快速响应前端一线作战团队的多种要求。这就要求打造后台职能部门赋能能力的可复制性，将各种功能模块化，对前端业务进行输出和支持，为一线作战团队提供强有力的敏捷化支持。

华为通过数字化转型，将后台职能部门同步进行小团队模式调整，将（信息技术）团队和业务团队相融合，通过集团级的 IT 服务平台，将后台各种人力部门、财务部门、法务部门进行整合，打造后台职能部门"铁三角"，构建了一个面向业务数字化转型的"IT 铁三角"平台，打造后台组织敏捷化响应小团队需求的能力。图 9-5 展示了华为 IT"铁三角"与一线业务的关系。

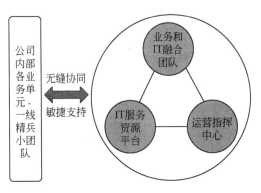

图9-5　华为IT"铁三角"与一线业务的关系

（3）轮值 CEO/ 董事长模式：构建管理决策小团队，打造决策层群策群力的集智模式

华为除了在销售前端和职能中台打造了敏捷的小团队模式，还打造了管理决策层的小团队模式，华为内部称为轮值 CEO/ 董事长模式，通过高层的群策群力和集智模式，确保决策不出现失误和偏颇，不会因为某个人的思维、经验、能力、决策给公司带来巨大的影响。

华为的决策层经历了 EMT 轮值主席制、董事会领导下的轮值 CEO 负责制、轮值董事长制三个阶段。轮值期间，任正非基本不管具体业务，只管思想，叫思想领导权、文化领导权，在董事会有一票否决权。

轮值CEO/董事长模式建立了决策层的常委成员，让每个常委管理者跳出自身局限，感受全局。轮值模式在思维上和组织上打破"山头主义"和"部门墙"，有利于各条产业线的有机融合。通过轮值，大家统一目标，群策群力，发挥最佳的集智效果，淡化了个人决策的风险。

华为在组织变革过程中，在前端、中台、高层三个维度都打造了"小团队+大平台"的组织模式，通过小团队敏捷、大团队赋能的形式，建立了组织的自驱动、自迭代，通过"自主+合作并重"的模式，自组织成长和生态融合相结合，构建了华为强大的组织能力。

按价值贡献分享收益的量子激励

华为的激励机制遵循以奋斗者为本、不让奋斗者吃亏的原则，采用量子激励，多劳多得、按创造价值享受收益，有效激发了华为20多万员工的能动性和积极性。

华为的激励管理体系包含薪酬分配体系、奖金分配体系和股权分配体系，通过高压力、高绩效、高回报的激励体系驱动员工不断向前，创造更大的客户价值。在华为，项目完成后，项目成员会有额外的项目奖金。同时，项目履历与业绩也是员工后期晋升、个人发展的重要参考。

华为采用"小改进、大奖励，大建议、只鼓励"的激励机制，针对不同层级的员工采用不同的激励政策，体现激励的灵活性和多样性。"小改进、大奖励"体现在对一般员工上，通过对改进的奖励，激发员工的内在动力；"大建议、只鼓励"是针对高层管理者，因为高管才能提出"大建议"来，而他们对一般的物质激励已经不在意，更在意精神层面、自我价值实现层面的激励。

华为还通过配股分红全员持股的方式，让每个人都享受到公司发展的红利，通过配股分红，加大了收益差，多劳多得，按价值创造享受收益，真正做到以奋斗者为本、不让奋斗者吃亏，按照结果产出和价值贡献进行激励。华为采用任职体系与绩效评测双轮驱动，短期激励和长期激励相互结合，物质激励与精神激励相互促进，价值贡献制和奋斗者文化相互融合，激发了员工和组织的活力。

人才梯队建设

人才是公司发展的根本，是公司的核心资产，为了保持团队的活力和斗志，华为一直在进行团队熵减和人才梯队建设。

1. 重视高阶人才的能量价值

华为非常重视人才，不以年龄和资历论资排辈，而是以贡献和价值来评估。前有技术天才李一男，27 岁成为华为技术副总裁，近有从 2019 年开始推动的天才少年计划，招募全球范围内的超级天才少年，汇集拥有超强天赋的青年俊杰，储备人才，提升公司的研发实力。公司为天才少年提供高额的年薪待遇，这也是量子激励的策略之一。

这些机制都体现了华为对人才的重视、对人才能量的认可，体现了华为"精英精兵"的人才思路，也提升了团队的人才密度。华为通过广纳世界精英人才，共同解决世界级技术难题，通过人才密度和浓度对抗技术难度，让高阶人才解决高难度问题，创造高价值，获取高收益，让高密度的精英人才带领企业和团队不断前进，穿过"无人区"。

2. 保持团队熵减

华为内部为保持组织和团队的活力，避免"山头主义"和"部门墙"，保证人才在各部门间充分流动和循环，尤其是干部的内部轮岗和循环流动，通过内部循环和轮岗，保持团队和部门的活力，使公司不出现超稳态惰性；通过流动，带来变化和希望，保持组织的熵减，从而提升组织活力。

华为的"铁三角"组织模式就是通过灵活的组织变化，打造组织的敏捷能力，让组织时刻保持熵减，充满活力，保持团队战斗力。

3. 打造适应未来竞争需要的人才梯队

华为通过继任者计划和天才少年计划，打造适应未来竞争需要的人才梯队，时刻保持充裕的人才队伍和成长梯队。

继任者计划是指公司确定关键岗位后，寻找、确定和持续追踪可能胜任这些关键岗位的干部梯队人才，并对这些干部梯队人才进行培养，以便在合适的时间能够补充到关键岗位。

华为的继任者计划包含三层继任深度，即在当前任职人员以下有三层继任者作为后备人才储备。

继任者 1：已经达到目标岗位所需的全部标准；公司会对其基于岗位职责进行赋能；这个继任者要在干中学，实时学习，时刻保持竞争力和战斗力。

继任者 2：离目标岗位标准还差 1～2 项关键能力，这几项关键能力在未来 1～2 年时间内可以逐渐成熟；公司可以对该继任者未来工作所需的关键能力进行锻炼和赋能，帮助其快速提升能力。

继任者 3：还需要 3～5 年的时间才能成熟；对这样的继任者

尽早识别其未来所需的关键经验，并尽早安排岗位或进行内部轮岗循环，助其尽快完善能力，尽快成长。

华为通过这样的继任者计划，在内部和外部不断寻找关键岗位人才，并进行人才储备和人才能力培养提升，搭建和储备企业所需要的人才梯队。天才少年计划，就是人才梯队建设的一个有效方式，即找到未来的领军人才，提前进行储备和培养，用华为的理念和文化进行培育，从潜在性开始，到成长再到成熟，对人才进行长周期的培养和储备，为后来的攻坚克难储备人才资源。

华为认可人才的潜在性和能量的跃迁性，认可人才未来会给公司带来巨大的产出和收益。天才少年计划，在天才少年事业起步初期进行招揽和培养，认可天才少年的潜在性和未来能量的跃迁性。通过对天才少年的招揽，加上继任者计划，可以从个人能力和组织制度支持两个方面，组建起面向未来的人才梯队，保持事业和公司的持久性。

4. 明确华为干部人才画像

任正非说过一句话："小草是浇不成大树的。"这意味着对员工的识别很重要。只有找到小树苗，才能通过阳光、雨露、化肥等的培养，成长为参天大树。因此，华为非常重视人才的选拔，对人才的能力和品格要求非常高，人品被认为是人才的选拔底线，人品不好是不予录用和重用的，人品的好坏对事业和工作影响的不确定性太大，可能会因为一个人的人品使整个项目甚至给公司带来巨大的负面影响和损失。对核心价值观和使命感的认同是人才选拔的基础，价值观一致、使命感相同的人，才能同频共振，一起长久干事。所谓"同频才能同行，同志才能行远"，志同道合，才能自主自发地从公司利益和项目利益出发，进行考量和决策，通过自驱力和目标感，降低管理成本。绩效是企业最终要达成的结果，各种人才的选拔都是为了找到合适的人才，产出较好的绩效结果，良好的绩效结果是人才选拔的重要考核指标。个人能力和从业经验是人才选拔的关键要素，是人才画像的重要维度标准。从过去看未来，代表着团队的成长性；从未来看未来，代表着团队的预判性。成长性和预判性都是组建团队时重要的考虑因素。

表9-1是华为人才画像的维度展示，我们可以从表9-1进行人才的判断和审定。

表9-1 华为人才画像维度

决断力	战略洞察
	战略决断
执行力	责任结果导向
	激励与发展团队
	组织能力建设
理解力	系统性思维
	妥协与灰度
连接力	建立客户与伙伴关系
	协作能力
	跨文化融合

数字化文化变革

组织文化是企业转型的最深层次的变革，也是数字化时代企业数字化转型成功与否的关键因素。企业管理者的思维方式、管理方式、行为方式是否符合数字化时代的要求，将在很大程度上决定着企业数字化转型的成败。

传统企业的管理者通常将权力握在手中，而数字化时代要求管理者授权、赋能，将权力让渡出去，让给接触市场的一线团队由其自主敏捷决策。这通常会引起传统管理者的抵触。企业是否建立起授权、赋能的企业文化，是否能通过文化影响和改变管理者的思考方式和行为方式，是对企业数字化转型效果以及转型成功与否的重要评判标准。建立起数字化文化的企业，其数字化转型必然是成功的。

华为在企业内部建立数字文化、变革文化、创新文化、激发文化，让数字化时代的特征和管理深入企业的各个管理流程，建立基于数据的沟通文化，打造以用户为中心的变革文化，形成宽容失败、动态迭代的创新文化，塑造授权赋能的激发文化，从而构建起华为在数字化时代的文化体系。

数据文化。积极拥抱数字化时代和数字化变革，在公司内部基于数据进行交流和业务推动，通过数据改变传统的管理思路和模式，习惯用数据说话，用数据决策，用数据管理，用数据创新，构建数据驱动企业运营和管理的能力。

变革文化。世界唯一不变的就是变革。数字化时代变化更加迅捷，VUCA 特性更加明显，不确定性是主流，用户需求多变是常态，企业管理者要紧盯市场，紧盯用户，勇于探索，敢于革新，积极主动拥抱变化，不断进行自我颠覆和持续变革，保持公司的敏捷性和应变性。

创新文化。创新才能持久，创新才有生命力，创新是一个企业基业长青的基石。在华为，建立了崇尚创新、宽容失败、支持冒险、群策群力、微小创新、动态迭代的创新氛围，通过营造创新文化，充分释放每一位员工的创新活力和创新积极性，让员工在数字化转型过程中更加积极和主动，从而保证华为能在"无人区"

不断进行探索和精进。

激发文化。 组织和员工的活力是企业发展的原动力，激活组织、激活员工是企业管理者一直追求和探索的。华为的管理者者通过授权、赋能的管理方式，通过打造"小团队＋大平台"的灵活敏捷的组织形式，通过创新文化和变革文化的激励，让员工和组织一直处于快速响应、敏捷处理、积极创新、不断精进的状态，充分激活了员工和组织，在公司内部建立了良好的办公文化和氛围，帮助下属成功，帮助管理者和员工成功。

华为通过打造"精兵＋大平台"的组织模式，采用授权、赋能、激活一线团队的管理方式，在战略制定和战略落地上都采用群策群力、集思广益、集智决策的模式，保证自上而下和自下而上的思路统一和行为一致，通过保持团队和组织的熵减，建立数字化时代的组织文化，从思维、战略、组织、行为、管理、激励等全方位进行变革，保证整个华为团队的高效执行和超强战斗力，建立起以用户为中心的管理机制、组织模式，快速把握市场的变化，将不确定性变得确定。

三、任正非的授权赋能管理思维

任正非的管理思想可以总结为"灰度管理"。灰度管理认为，事情不是非黑即白，黑白之间还有灰色，灰度是常态，灰色是过渡色、是缓冲区，黑与白只是哲学上的假设。基于灰度管理思维，华为反对在公司管理上走极端，提倡系统性思维，这也是量子管理的一种体现。

灰度管理的本质是以开放、协商、宽容为核心思想，在企业战略规划、发展创新、权力分配、管理的尺度和原则制定诸多方面进行平衡，解决管理者在企业发展过程中遇到的确定性和不确定性问题。

任正非在跟埃森哲董事长的沟通中提到："把不确定性的事情，由精兵组织来应对。对确定性的事情，由平台或共享组织来支持与服务。对不确定性的考核是风险的把握，对确定性的考核是效率与效益。"

任正非认为，"一个领导人重要的素质是方向、节奏。他的水平就是合适的灰度。一个清晰方向，是在混沌中产生的，是从灰色中脱颖而出的，而方向是随时间与空间而变的，它常常又会变得不清晰，并不是非白即黑，非此即彼。合理地掌握合适的灰度，使各种影响发展的要素，在一段时间内保持和谐，这种和谐的过程叫妥协，这种和谐的结果叫灰度。没有妥协就没有灰度。妥协其实是非常务实、通权达变的丛林智慧，凡是人性丛林里的智者，都懂得在恰当时机接受别人妥协，或向别人提出妥协，毕竟人要生存，靠的是理性，而不是意气。"

华为在国际化过程中也遭遇了跨国文化冲突。例如，华为到德国招聘本土研发科技人员，就要遵循德国人的时间观念；华为到非洲国家开展业务，就要针对非洲员工的性格和习惯，进行一些管理上的创新和变革。华为靠这种灰度管理方式，有效化解各国家、各地区的差异和矛盾，调动不同国家和地区员工的积极性。

由此可见，灰度管理思维是一种多态思维、试错思维、概率思维、激发思维，通过灰度管理机制，应对企业发展过程中的确定和不确定问题。这是典型的量子管理思维，是符合数字化时代管理要求的，能通过灰度思维来有效应对市场竞争中的各种不确定性，形成相对确定性。